W0191944

Jonas Ems

PEINLICH FÜR DIE WELT

Plötz & Betzholz Verlag

Bibliografische Information der Deutschen Nationalbibliothek
Die Deutsche Nationalbibliothek verzeichnet diese Publikation
in der Deutschen Nationalbibliografie; detaillierte
bibliografische Daten
sind im Internet über http://dnb.dnb.de abrufbar.

1. Auflage, Oktober 2015

Originalausgabe

© Dennis Betzholz, Felix Plötz, 2015

Das Werk darf – auch teilweise – nur mit Genehmigung
des Herausgebers wiedergegeben werden.

Vertrieb und Marketing: Ullstein Buchverlage GmbH

Redaktion: Dennis Betzholz

Lektorat: Felix Plötz

Illustrationen: Luis Muñiz

Satz und Layout: Kristin Blöcker

Umschlaggestaltung: Jarmila Takač

Umschlagabbildung: Frank Homann

Plötz & Betzholz GbR

Am Spitzenbach 16

53604 Bad Honnef

Printed in Germany

ISBN 978-3960170013

JONAS EMS?

Hier, ich weiß, warte, ich komm' gleich drauf, einen Moment noch, ist das nicht dieser Typ aus dem Internet? Genau. Der Kerl, der immer die peinlichen Geschichten erzählt? Ja, genau. Der jetzt auch dieses Buch geschrieben hat, oder? Jaaaa, Mama, scann doch einfach mit deinem Handy diesen QR-Code und schau ihn dir an. Ach, Mama, und dieses Internetfernsehen nennt man übrigens YouTube.

Inhaltsverzeichnis

Peinlich für mich, gut für die Welt

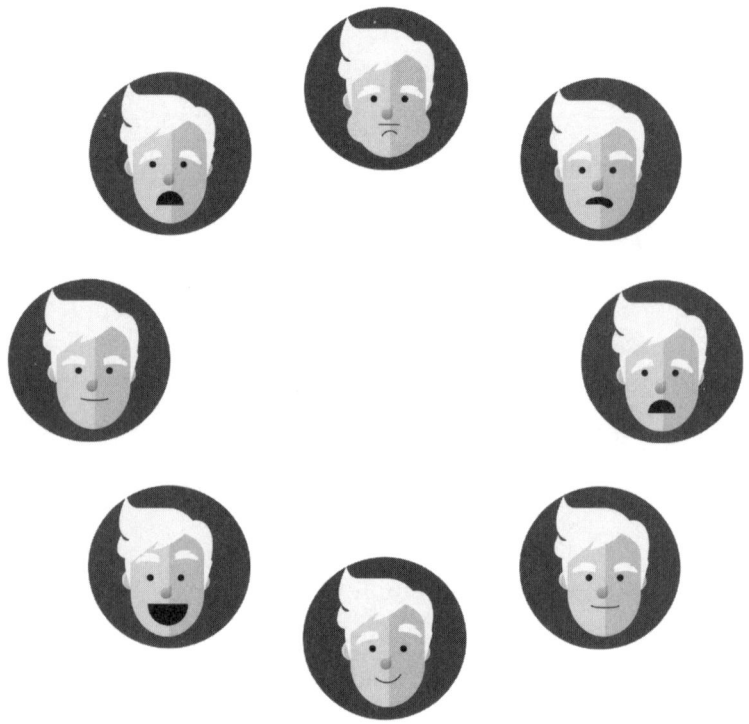

Hey Leute, was geht ab? Mein Name ist Jonas, und herzlich willkommen zu diesem Video... äh, nee, falscher Knopf, nochmal zurückspulen: zu diesem Buch!

Ja, in der Tat liest du gerade anscheinend ein Buch (was ich übrigens sehr löblich finde, schließlich ist es doch um einiges anstrengender zu lesen als sich einfach vor den Laptop zu hocken!). Umso komplizierter wird es nun aber für mich, denn um ganz ehrlich zu sein, wäre es schon fast eine Untertreibung zu behaupten, ich würde mal etwas „anderes ausprobieren". Nein, ganz ehrlich: Allein schon ein solches Vorwort zu schreiben, übersteigt jegliches Vorwissen, das ich mir auf diesem Gebiet bisher aneignen konnte. Jetzt mal abgesehen von diesen ganzen Literaturanalysen im Deutschunterricht und ein paar kleinen Kurzgeschichten, die der zehnjährige Jonas in seiner besten Autoren-Zeit verfasst hat, fand das Schreiben von Texten bislang keinen Platz in meinem Leben.

Ich versuche nun dennoch (sei dabei aber bitte gnädig mit mir) irgendwie ein paar Wörter und Satzzeichen so aneinanderzureihen, dass sie Sinn ergeben.

Womit fangen wir nun aber an? Vielleicht sollte ich einleitend erklären, welcher Wahnsinnige mich überhaupt auf die hirnrissige Idee gebracht hat, meinen Camcorder fürs Erste auf die Seite zu legen, um meine Zeit voll und ganz meinen begrenzten Schreibkünsten zu widmen. Unglücklicherweise war ich der „Wahnsinnige" selbst. Ich weiß nicht mehr genau, wann und wo – aber irgendwie schoss mir die Idee durch den Kopf, man könne eines meiner Videoformate doch auch in einem lustigen Buch für die Ewigkeit festhalten. Die Motivation war also schon mal da. Fehlte nur noch eine vernünftige Idee. Und die kam tatsächlich sehr schnell hinterher. Denn unter all den Videoformaten, die bisher schon auf meinem YouTube-Kanal erschienen sind, gab es kein besseres, das derart polarisierte und sich gleichzeitig wirklich gut für eine solche Lektüre anbieten würde wie das Format „Peinliche Geschichten".

Eine Frage, die sich mir immer wieder stellt, ist: Warum? Warum finden so viele Menschen derartiges Interesse daran, Geschichten von Leuten zu hören, die sich unglaublich blamieren? Stell dir einmal folgende Situation vor: Du bist seit einer Woche total in einen Mitschüler oder eine Mitschülerin verknallt und kannst das einfach nicht für dich behalten. Aus diesem Grund siehst du dich mehr oder weniger dazu gezwungen, deinem besten Freund oder deiner besten Freundin eine Nachricht per WhatsApp zu schreiben, wie sehr du auf die besagte Person stehst. Doch weil du eben noch in der WhatsApp-Gruppe deiner Schulklasse nach den Hausaufgaben gefragt hast und total verpeilt hast, an wen du gerade eine Nachricht sendest, landet dein Liebesgeständnis natürlich nicht bei deinem Freund oder deiner Freundin, sondern in der WhatsApp-Gruppe deiner Klasse. Dein Liebesgeheimnis ist nun gelüftet. Jeder weiß davon, inklusive deines Schwarms. Schrecklich peinlich, oder?!

Nun bist du dir aber im Klaren darüber, dass nicht du selbst in diese blöde Situation geraten bist, sondern irgendwer anders, mit dem du im besten Fall gar nichts am Hut hast. Umso mehr kannst du dich darüber erfreuen und umso witziger findest du vermutlich die Situation (und glaub' mir, die betroffene Person fand das in dem Moment ganz sicher nicht witzig).

Ich selbst habe ja die Theorie, dass man peinliche Geschichten, die anderen passiert sind, gerade deswegen so witzig und unterhaltsam findet, weil der Mensch an sich schadenfroh ist. Solange man selbst nichts mit den armen Leuten zu tun hat, die in eine peinliche Situation hineinstolpern, die zum Beispiel ihre Lehrerin mit „Mama" ansprechen, die einer fremden Person am Ohrläppchen lecken, die von den eigenen Eltern beim Sex erwischt werden – solange dies der Fall ist, kann sich der eigene Geist an allerlei peinlichen Geschichten wunderbar erfreuen. Mir jedenfalls würde kein anderer Grund einfallen, warum regelmäßig hunderttausende Kinder, Jugendliche und teilweise (laut Statistik) sogar Erwachsene die Videos einschalten, in denen ich (selbst natürlich voller Schadenfreude) die Missgeschicke anderer Zuschauer vorlese.

Auf die Idee, peinliche Geschichten anderer Leute im Netz vorzulesen, kam ich (weniger zufällig) genau an dem Tag, an dem mir selbst wohl eines meiner peinlichsten Missgeschicke passierte. Genau in dem Moment, als ich voller Schlamm war und wie eine Moorleiche stank, wurde mir klar, dass das eine geile Idee ist: Geschichten darüber zu erzählen, wie sich jemand so richtig blamiert – wie jemand am liebsten im Erdboden versinken würde, um nie wieder auftauchen zu müssen. Geschichten, in denen jemand richtig leidet – ohne dabei echten Schaden davonzutragen. Das war Unterhaltung!

Aber was war mir zuvor geschehen: Ich möchte an dieser Stelle anmerken, dass ich, obwohl es mehr als dreißig Folgen peinlicher Geschichten auf meinem Kanal zu sehen gibt, noch nie eine eigene Story erzählt habe. Und weil dieses Buch etwas Besonderes sein soll, werde ich euch meine vier peinlichsten Geschichten gerne (okay, das ist gelogen: nicht gerne) erzählen. Hier kommt die erste.

Es war ein ganz normaler Sonntag im Frühling. Es war das am besten geeignete Wetter, um mit Hund und Fahrrad eine Runde um den See zu drehen, nicht zu warm und nicht zu kalt, blauer Himmel und ein paar Schäfchenwolken. Mein Hund und ich genossen es umso mehr, da die Tage zuvor sehr verregnet waren, und sogar vereinzelt heftige Gewitter die Gegend unsicher machten. Bei dem „Hundewetter" weigerte sich selbst mein Hund Gassi zu gehen. Deswegen griff ich an diesem Sonntagmorgen mit besonderer Motivation zur Leine.

Wir gingen gemeinsam zur Garage, um das Fahrrad zu holen und loszufahren (der Hund neben dem Fahrrad, ich auf dem Sattel, nicht andersrum, nur um das kurz klarzustellen). Die „Spazierfahrt" verlief soweit eigentlich ganz gut. Wir fuhren auf einem Feldweg um einen Baggersee. Ich beobachtete dabei die Spuren, die das Gewitter der Vortage mehr als nur deutlich hinterlassen hatte. Auf meiner linken Seite bot sich mir ein Abhang, der hinunter zum See führte. Auf meiner rechten Seite lag ein Feld, von dem allerdings nicht mehr viel zu sehen war: Riesige Wasserpfützen, die nach fauler Entengrütze stanken, bedeckten fast schon moorartig die Landschaft. Der Weg selbst war mit Ästen und Blättern bedeckt und entsprechend rutschig, was die vielen Leute, die sich an diesem schönen Tag ebenfalls für einen Spaziergang am See entschieden hatten, aber nicht zu stören schien.

Nun, um endlich auch zu der Pointe dieser Geschichte zu kommen: Während ich den Weg entlangsauste, verspürte ich plötzlich auf meiner linken Hand, mit der ich den Fahrradlenker festhielt, ein Kitzeln. Mein Blick wanderte reflexartig zur besagten Stelle – und ich erschrak: Auf meiner linken Hand saß tatsächlich eine faustgroße Libelle. Und wer meine Videos regelmäßig verfolgt, der weiß, dass ich nicht nur eine Arachnophobie habe, sondern generell nicht das beste Verhältnis zu Insekten pflege (um genau zu sein: eine riesige Panik habe, besonders vor großen). Naja, es kam, wie es kommen musste: Vor Schreck ließ ich sofort den Lenker los, um das wahnsinnige Insekt von meiner Hand zu schütteln.

Was ich in dem Moment allerdings nicht bedacht hatte, war, dass ich mit der anderen Hand nicht die andere Seite des Lenkers festhielt, um die Balance zu halten, sondern die Hundeleine festklammerte. Wir fassen also zusammen: Ich war verdammt schnell unterwegs, als das Fahrrad plötzlich ohne Steuermann war. Und weil ich die linke Hand mit so viel Schwung weggerissen hatte, machte das gesamte Fahrrad plötzlich eine Rechtslenkung und fuhr mitten in Richtung Schlammbad! Als der Vorderreifen im Wasser aufkam, welches zu meinem Erstaunen mindestens einen halben Meter tief war, überschlug sich das Rad samt mir und dem Hund, den ich, es tut mir noch immer leid, mit ins Verderben riss. Wir machten einen ungeübt aussehenden Purzelbaumsalto und landeten voll im kühlen Nass. Und, wie eben schon erwähnt, war das nicht gerade der saubere Sommerpool aus dem Ferienhaus, sondern ein richtig ekelhaft stinkendes Gewässer, mit braungrüner Färbung, das nach fauler Erde schmeckte (ja, ich bekam auch was in den Mund, argh).

Nun lagen mein Fahrrad, mein treuer Hundefreund und ich also in dieser gigantischen Pfütze – während wenige Meter abseits auf dem Feldweg eine Gruppe Wanderer und Spaziergänger staunend stehenblieb, um das Spektakel „Junge versucht mit Fahrrad und Hund über Schlammwasser zu fahren" zu beobachten. Ich kann euch sagen: Sie amüsierten sich köstlich. Ich jedenfalls kam aus meinem Beschämtsein gar nicht mehr heraus, während ich versuchte, das Fahrrad aus dem Schlamm zu ziehen und mich von Entenfäkalien zu befreien. Den restlichen Weg nach Hause musste ich dann laufen. Für mich war das auf jeden Fall eines der peinlichsten

Erlebnisse, die mich je heimgesucht haben (und hoffentlich je heimsuchen werden!). Dem Hund geht es im Übrigen sehr gut, ich glaube, er hat sein Schlammbad sogar etwas genossen.

Soweit also zu einem meiner peinlichsten Erlebnisse. Zurück zu euch: Ich hatte euch (vielleicht ja sogar auch dich) darum gebeten, mir eure peinlichsten Geschichten zuzuschicken. Und es gab wirklich unglaublich viele Einsendungen, die teilweise noch weit über meine eigenen peinlichen Erfahrungen hinausgehen. Und genau diese Geschichten habe ich nun in dieser Sammlung zusammengetragen.

Nun hätte ich es allerdings nicht fair gefunden, mich an euren Missgeschicken zu bereichern, und Gewinn mit etwas zu machen, an dem ich nur gering beteiligt war. Aus diesem Grund suchte ich eine andere, sinnvollere Lösung, wie ich dieses Buch auf den Markt bringen kann, es aber gleichzeitig einen tollen Nutzen hat, an dem wir uns alle gemeinsam erfreuen können. Und, et voilà: Eines Abends kam mir, während ich die Simpsons schaute, dann tatsächlich die Idee: Wie wäre es, wenn ich meinen kompletten

Anteil, den ich an dem Buch verdienen würde, an eine gemeinnützige Organisation spende? Wie wäre es, wenn ein Haufen verrückter Leute (mich natürlich eingeschlossen), der sich mal so richtig blamiert hat, nun anderen Menschen auf der Welt helfen könnte?

Meine Antwort: extrem cool! Eben „Peinlich für die Welt". Das Geld, das ich auch an diesem Buch, das du gerade in der Hand hältst, verdient hätte, erhält deshalb der Verein Kinderlachen mit Sitz in Dortmund. Der Verein hilft dort, wo Kinder aus sozial schwachen Familien in Deutschland keine Unterstützung erhalten. Kinderlachen unterstützt zudem schwerkranke Kinder und Jugendliche, die zum Beispiel wegen Krebs viele Wochen und Monate im Krankenhaus liegen. Er erfüllt diesen jungen Menschen Lebensträume, spendiert Spielzeuge oder dringend benötigte Rollstühle oder Betten (für Kinder, die noch nie ein Bett hatten!), und zaubert ihnen so ein Lachen ins Gesicht. Ich finde das großartig. Lachen macht schließlich gesund.

Nun wisst ihr also, dass es sich doch irgendwie gelohnt hat, sich neben dem Feldweg auf die

Schnauze zu legen oder in der WhatsApp-Gruppe der Schulklasse seine Liebesfantasien zu gestehen. Andererseits kann sich der Besitzer dieses Buches (damit bist du gemeint!) sicher sein, in irgendeiner Form etwas Gutes getan zu haben. Irgendwo wird sich jetzt ein Kind darüber freuen, dass du dieses Buch gekauft hast. Danke also dafür!

Nun aber heiße ich euch an dem Tor zu einem magischen Ort willkommen. Ein Ort, an dem sich die peinlichsten Geschichten aller Zeiten treffen. Und das Beste ist: Jede Geschichte ist wahrhaftig passiert, jede Geschichte wurde von irgendwelchen armen Leuten durchlebt und anschließend (mehr oder weniger) beschämt niedergeschrieben. Mein tiefstes Mitgefühl (und meine Schadenfreude) gehört euch allen, die in diese misslichen und unangenehmen Situationen geraten sind. An euch und alle anderen: Bitte tretet ein!

Euer Jonas

1

Schulstoff

DÜNNE WÄNDE MAXIMILIAN (16)

An meinem ersten Schultag auf der weiterführenden Schule musste ich während des Unterrichts dringend auf die Toilette, weil ich vermutlich morgens etwas Falsches gegessen hatte. Zum Glück war die Toilette direkt neben unserer Klasse, ich hatte es also nicht weit. Auf dem Klo ließ ich alles raus, was keine Miete zahlte. Als ich zurück in den Klassenraum kam, lachten alle. Selbst der Lehrer konnte sich das Lachen nicht verkneifen. Wie ich erst dann erfuhr, war die Wand, die die Toilette und unseren Klassenraum trennte, nur eine vorübergehende und so dünn, dass man jedes Geräusch hörte. Ausgerechnet ich war der Depp, der das am ersten Schultag herausfinden musste. Und ich muss zugeben: Leise war ich wirklich nicht.

Ja, das ist tatsächlich hart peinlich. In eine neue Schule kommen, und jeder kann dir zuhören, wie du ... naja du weißt schon. In deiner Haut will ich da wirklich nicht stecken!? #imBodenversinkenwollen #Pupskonzert #besserzudünneWändealszu dünnesToilettenpapier

DER SÜßE SPORTLEHRER ANTONIA (15)

Wir hatten vergangene Woche, wie jeden Dienstag, Sportunterricht. Ich freue mich immer sehr darauf, weil wir einen total süßen Referendar als Aushilfslehrer haben, der momentan mit uns Turnen und Parkour, also Hindernislauf, durchnimmt. Jedenfalls machten wir eine Übung, bei der man über so einen Bock springen sollte. Das haben wir ein paar Mal gemacht, allerdings habe ich es irgendwie nie so richtig hinbekommen. Der süße Referendar hat mich daraufhin gefragt, ob er mir mit einer Mitschülerin Hilfestellung beim Herüberspringen geben solle. Ich sah natürlich meine große Chance und stimmte zu. Er stellte sich also mit meiner Freundin neben den Bock, ich nahm Anlauf, sprang hoch, sie hievten mich drüber – und genau in dem Moment passierte es. Weil ich mich so fest vom Bock wie möglich wegdrücken wollte und meinen gesamten Körper doll anspannte, habe ich unfassbar laut gefurzt. Meine Freundin ließ mich vor Lachen sogar auf halber Strecke los und bekam sich nicht mehr ein. Und der Lehrer, man merkte es ihm an, musste sich total beherrschen, um nicht selbst laut loszulachen. Das Schlimmste war auch noch, dass es unglaublich stank. Jedenfalls ist das Ganze für mich ein Mega-Desaster. Bei dem Sportlehrer habe ich auf jeden Fall verschissen...

Krass! Ich mag Bockspringen auch überhaupt nicht. Wofür braucht man das im Leben? Es sei denn, du bist Filmheld und musst bei Verfolgungsjagdszenen über Straßenabsperrungen springen. Ein Bekannter von mir sollte im Sportunterricht ebenfalls darüber springen. Alle schafften es – nur er nicht. Der Lehrer sagte ihm, er solle sich weiter vorne am Bock abstützen. Bei dem Versuch hat er sich dann zwei Finger gebrochen. Und wofür???

PO TRIFFT GESICHT Lukas (15)

Neulich sollten wir im Deutschunterricht in Arbeitsgruppen eine Aufgabe lösen. Als ich fertig war, streckte ich mich ganz genüsslich und wippte mit dem Stuhl dabei etwas nach hinten. Was ich nicht sehen konnte: Meine Lehrerin (eine sehr übergewichtige Frau) stand direkt hinter mir. Sie war gerade dabei, einer anderen Gruppe etwas zu erklären. Ich berührte dabei aus Versehen mit meiner Schulter ihren Hintern. Wir beide haben uns sehr erschrocken! Ich drehte mich in dem Moment reflexartig nach hinten, um zu sehen, was das Weiche war, das ich berührte. Sie stand halt immer noch genauso da, so dass mein Gesicht nun voll ihren Hintern traf. Ich fiel nicht nur fast vom Stuhl, sondern werde seitdem in der Klasse nur noch „Arschgesicht" genannt. Und die Vorstellung, dass mein Gesicht ihren (nun ja, stabileren) Po berührte, verfolgt mich bis heute in meinen Albträumen.

Mein Kumpel und YouTuber ImbaTorben hat mir mal erzählt, dass es in seiner Klasse ein Spiel gab, das so ging: Immer wenn eine Lehrerin in der Nähe stand, hat ein Schüler die Hand eines anderen Schülers, der gerade neben einem stand, genommen und diese auf den Po der Lehrerin geschlagen. Ihr, die jetzt gerade dieses Buch lest, ich kann euch nur mit auf den Weg geben: Macht das bitte nicht nach! Am Ende fliegt ihr von der Schule und müsst YouTuber werden. Das sollte euch Warnung genug sein. :D

DER FACHBEGRIFF SILVIE (14)

Im Politikunterricht durften wir neulich Fragen zu Fachbegriffen stellen, von denen wir nicht wissen, was sie bedeuten. Beim letzten Elternsprechtag sagte mein Politiklehrer, ich solle mich mehr mündlich beteiligen, doch mir fiel kein Fachbegriff ein, den ich hinterfragen konnte. Umso mehr freute ich mich, dass mir meine Sitznachbarin einen Begriff zuflüsterte. Ich dachte, sie wolle mir tatsächlich helfen, also meldete ich mich und fragte: „Was ist eine Ejakulation?" Die ganze Klasse brach in Lachen aus, sogar mein Lehrer. Und ich habe es nicht gecheckt. Aber hey: YOLO! :)

Im Schulfach Politik fragen, was eine Ejakulation ist... Läuft bei dir! :D Das Ganze erinnert mich total an meine Schulzeit. Ich weiß noch genau, wie ich meinem Sitznachbarn immer, natürlich extra unauffällig, falsche Lösungen ins Ohr geflüstert habe, damit er sich so richtig blamiert. Die guten alten Zeiten eben... :D

DAS THEATERSTÜCK FALK (18)

Ich hatte im vergangenen Schuljahr eine Aufführung mit der Theater-AG, in der ich die Hauptrolle spielte. Das Stück, das wir aufführten, ging über mehr als zwei Stunden, weshalb wir nach einer Stunde eine Pause einlegten. Ich musste, wie viele der Zuschauer auch, dringend pinkeln. Ich ging also auf Toilette, wusch mir danach die Hände und ging wieder hinter die Bühne. Bevor es mit dem zweiten Akt des Stückes weiterging, wollte ich die Stimmung etwas auflockern. Ich ging daher auf die Bühne und fragte, ob sich nun alle auf der Toilette erleichtert hätten. Als das ganze Publikum lachte, verstand ich nicht, wieso. Ich meine: So geil war der Spruch nun auch nicht. Ich fragte deshalb hinter dem Vorhang meine Mitschülerin, was los war, und sie machte mich darauf aufmerksam, dass ich mir offensichtlich gegen die Hose gepinkelt hatte. Da fiel mir schlagartig ein, dass es der Wasserhahn war, den ich zu doll aufgedreht hatte und der deshalb extrem spritzte. Total peinliche Erfahrung!

Es hilft kein Schütteln, es hilft kein Klopfen, in die Hose geht doch der letzte Tropfen! Lieber Falk, das hier ist anonym, du musst dich nicht mit fadenscheinigen Ausreden rechtfertigen. Es war der Wasserhahn, is' klar! ;) #knappvorbeiistauchdaneben

DAS VERLIEHENE BUCH BELLA (16)

In der zehnten Klasse ist mir was Peinliches passiert. Ich habe Jörn, einem Kumpel aus meiner Klasse, ein Buch ausgeliehen, und er fand es richtig gut. Einige Tage später rief er mir

in der Schulpause über den gesamten Flur zu: „Ich bin total heiß auf die Fortsetzung." Ich wiederhole: Erstens, in der Schule. Zweitens, in der Pause. Drittens, auf dem Flur. Und viertens, vor den Aufenthaltsräumen, wo in den Pausen immer sehr viele Schüler sitzen. Er kam näher und fragte, ob ich ihm die womöglich ebenfalls ausleihen könnte. Weil ich in Eile war, sagte ich ihm nur kurz, dass es sich bereits eine Freundin ausgeborgt hatte. Ich ging hastig weiter, hielt aber nach ein paar Metern an, weil ich das selbst unhöflich von mir fand. Ich drehte mich zu ihm um und schrie ebenfalls über den gesamten Flur: „Ich besorg's dir aber sobald wie möglich!" Meine ganze Klasse hat das gehört. Sie gingen davon aus, dass es sich in unserem Gespräch um Sex handelte, nicht um ein Buch. Nun fragen mich dauernd alle, ob ich es Jörn schon „besorgt hätte".

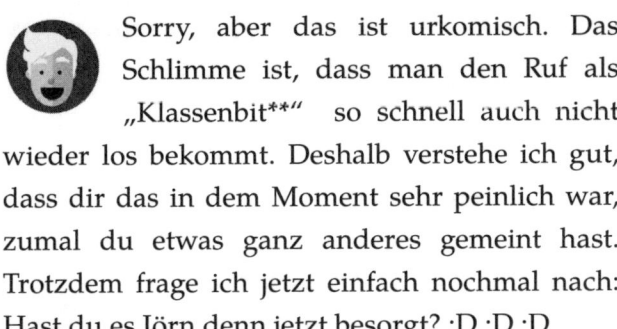

Sorry, aber das ist urkomisch. Das Schlimme ist, dass man den Ruf als „Klassenbit**" so schnell auch nicht wieder los bekommt. Deshalb verstehe ich gut, dass dir das in dem Moment sehr peinlich war, zumal du etwas ganz anderes gemeint hast. Trotzdem frage ich jetzt einfach nochmal nach: Hast du es Jörn denn jetzt besorgt? :D :D :D

DAS DOKTOR-SOMMER-VIDEO SAMANTHA (16)

Jonas, ich bin ein großer Fan von dir und deinen Videos. Neulich habe ich gemeinsam mit einigen Freundinnen im Klassenzimmer dein Doktor-Sommer-Video angeschaut, in dem du erzählt hast, dass Sperma zwei Meter weit spritzen kann. Gerade als du diesen Satz sagst, kam unsere Lehrerin herein. Sie dachte, wir schauen Pornos! Es dauerte eine Weile, bis wir aufklären konnten, dass du YouTuber bist. Das war echt das peinlichste Gespräch meines Lebens!

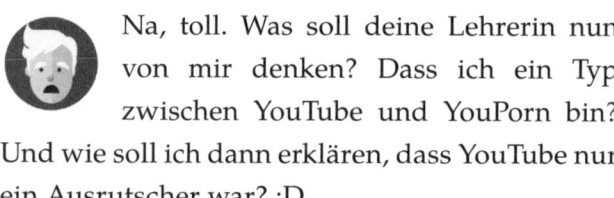 Na, toll. Was soll deine Lehrerin nun von mir denken? Dass ich ein Typ zwischen YouTube und YouPorn bin? Und wie soll ich dann erklären, dass YouTube nur ein Ausrutscher war? :D

DER VOKABELFEHLER KARLA (16)

Im letzten Schuljahr hatten wir im Englischunterricht Besuch von zwei US-Amerikanern. Die beiden Über-50-Jährigen waren ebenfalls Lehrer und auf einer Fortbildungsreise, um etwas über  das deutsche Schulsystem zu erfahren. Sie gaben uns die Aufgabe, mit Bleistift ein Arbeitsblatt auszufüllen. Weil wir sonst immer mit Füller oder Kugelschreiber geschrieben haben, hatte ich natürlich kein Radiergummi dabei. Als ich dann aber einen Fehler machte, fragte ich meine Klassenkameraden, ob sie eins für mich hätten. Meine Lehrerin schaute mich jedoch böse an, als ich die Frage auf Deutsch stellte, schließlich meinte sie, sei es doch unhöflich gegenüber den beiden Amerikanern, die das nicht verstehen würden. Ich solle die Frage also bitte auf Englisch stellen. Ich fragte also: „Does someone have a rubber?" Um besonders höflich zu sein, sah ich die beiden amerikanischen Lehrer direkt an. Die beiden prusteten laut los und bekamen einen knallroten Kopf. Ich wusste nicht, dass „rubber" im amerikanischen Englisch „Kondom" hieß, und eben nicht Radiergummi.

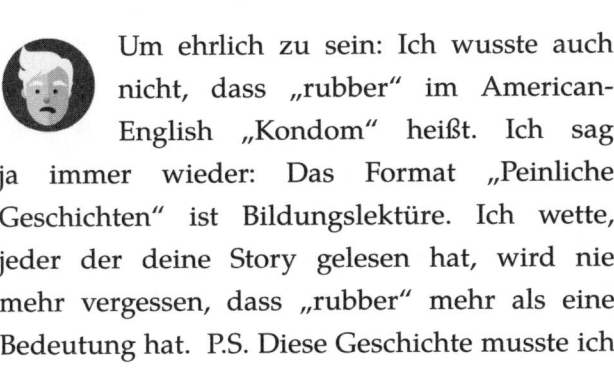

Um ehrlich zu sein: Ich wusste auch nicht, dass „rubber" im American-English „Kondom" heißt. Ich sag ja immer wieder: Das Format „Peinliche Geschichten" ist Bildungslektüre. Ich wette, jeder der deine Story gelesen hat, wird nie mehr vergessen, dass „rubber" mehr als eine Bedeutung hat. P.S. Diese Geschichte musste ich mit aufnehmen, da ich überdurchschnittlich viele Eltern-Beschwerde-Briefe erhalten habe mit der Message: Meine Videos seien nicht „lehrreich" genug und würden nur „Unsinn" vermitteln... :D

DER ELTERNSPRECHTAG JESSICA (14)

Elternsprechtage können für uns Schüler ja sehr unangenehm werden. Doch der Elternsprechtag im vergangenen Schuljahr ist für mich zum großen Desaster geworden, obwohl ich eigentlich sehr gute Noten habe. Und das kam so: Ich habe an dem Tag gemeinsam mit einer guten Freundin Waffeln verkauft. Wir liefen durch das gesamte Schulgebäude und boten allen Lehrern und Eltern, die dort zusammensaßen oder vor der Tür auf ihren Termin warteten, Waffeln und Kaffee an. Ich trug das Tablett mit den Waffeln, dem Puderzucker und der Gelddose, meine Freundin den Kaffee. Zwei Stunden lief alles super, bis wir ausgerechnet in meine Klasse kamen, wo meine Klassenlehrerin gerade die Eltern meines Schwarms zu Gast hatte. Ich bot ihnen also etwas an und sagte noch keck, dass man ja zu Waffeln nicht Nein sagen dürfe. Und genau in diesem Moment passierte es: Ich verlor das Gleichgewicht, und das Tablett fiel mir aus der Hand. Der Puderzucker, die Waffeln, das Geld – alles lag verstreut auf dem Boden. Und das Dramatischste: Die Eltern meines Schwarms und meine Lehrerin schauten mich nur wortlos und mitfühlend an, was die angespannt peinliche Atmosphäre nicht gerade verbesserte. Am nächsten Tag sprach mich sogar mein Schwarm auf mein Missgeschick an. Sooo peinlich!

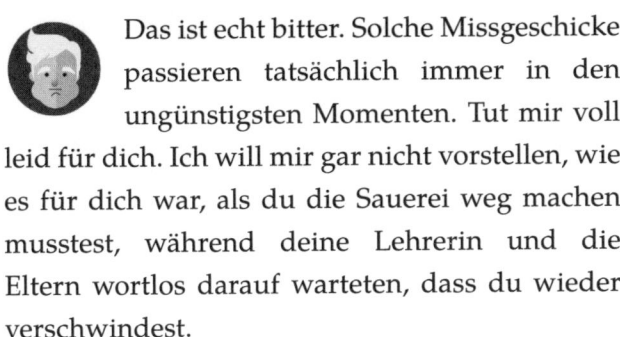 Das ist echt bitter. Solche Missgeschicke passieren tatsächlich immer in den ungünstigsten Momenten. Tut mir voll leid für dich. Ich will mir gar nicht vorstellen, wie es für dich war, als du die Sauerei weg machen musstest, während deine Lehrerin und die Eltern wortlos darauf warteten, dass du wieder verschwindest.

DER ERSTE SCHULTAG GIANNA (15)

An meinem allerersten Schultag in der Grundschule musste ich unbedingt auf die Toilette. Weil ich mich nicht getraut habe, der

Lehrerin zu sagen, dass ich aufs Klo musste, habe ich stattdessen in die Hose gemacht. Echt wahr. Ich konnte halt irgendwann nicht mehr einhalten. Dummerweise bildete sich eine Pfütze unter meinem Stuhl. Die Lehrerin bemerkte die Pfütze und fragte, was das denn sei. Ich habe mich zu Tode geschämt, daher habe ich gestammelt, dass meine Apfelschorle ausgelaufen sei. Ich dachte, es könnte nicht mehr schlimmer werden, doch es wurde schlimmer: Die Lehrerin beauftragte einige Schüler, Klopapier zu holen und mir beim Aufwischen der Pfütze zu helfen. Die haben natürlich gemerkt, dass es kein Apfelsaft war, aber zum Glück hat keiner was gesagt.

Igitt! Aber um ehrlich zu sein: Mir wäre es am ersten Schultag auch zu peinlich gewesen, vor der Klasse zuzugeben, dass ich in die Hose gemacht habe. Zum Glück hat keiner von deinen Helfern Durst gehabt...

VERMASSELTES BOCKSPRINGEN Lilo (16)

In der neunten Klasse haben wir mit unserer Stufe einen Ausflug nach London gemacht. Neben fünfundvierzig Schülern waren auch vier Lehrer mit dabei. Als wir abends vor dem Bus, der uns die ganze Zeit herumfuhr, auf unsere Gastfamilien warteten, wurde meinen Freundinnen und mir langweilig. So kamen wir auf die Idee, Bockspringen zu machen. Meine Freundin fing an, und ich beugte mich nach vorne und stützte meine Ellbogen in die Knie, damit sie über mich springen konnte. Sie schaffte es auch. Nun war ich an der Reihe.

Dazu muss ich sagen, dass ich eigentlich sehr sportlich bin, aber Bockspringen noch nie konnte. Meine andere Freundin beugte sich wie ich zuvor nach vorne, während ich ordentlich Anlauf nahm. Ich rannte auf sie zu, schaffte es auch über sie hinüber, aber aus irgendeinem Grund, den ich bis heute nicht kenne, stolperte ich und landete voll auf meinem Bauch. Dabei rutschte ich etwa zwei Meter auf dem matschigen Boden. Natürlich hat es jeder mitbekommen – alle Lehrer und viele meiner Mitschüler. Das Schlimmste aber war: Ich begegnete meiner

Gastfamilie in diesem vermatschten Outfit. Das erste, was der Vater fragte, war, ob das der neue „look in Germany" sei. Oh Gott, war das peinlich!

Du hattest ja noch Glück im Unglück, schließlich hast du dir nicht doll wehgetan. Und der Spruch, ob das in Deutschland alle so tragen, ist doch total witzig und gleichzeitig, das gebe ich zu, sehr peinlich für dich. Du hättest antworten müssen: „Used look" war gestern, „dirty look" ist das nächste große Ding.

FÜßELN MIT DEM LEHRER EMILY (15)

Im letzten Jahr hatte eine sehr gute Freundin von mir eine „Gleichwertige Feststellung von Schülerleistungen". Für jeden, der nicht weiß, was das ist: Es ist ein jährliches Referat, das wie eine Klausur zählt. Da sie nicht besonders gut war, bat sie mich, sie zu dem Vorgespräch zu begleiten. Ich saß kurze Zeit später mit unserem Mathelehrer und ihr an einem Tisch. Die beiden unterhielten sich über das Thema, was sie behandeln wollte, während ich nervös mit dem

Tischbein herumspielte. Das Ganze zog sich eine halbe Stunde, bis sich der Lehrer schließlich zu mir drehte und fragte, ob ich vielleicht aufhören möge, mit ihm zu füßeln. Es handelte sich offenbar doch nicht um das Tischbein.

Das kenne ich sehr gut, aber zum Glück noch nicht mit dem eigenen Lehrer. Ich hätte trotzdem einen kleinen Tipp für dich, Emily: Falls mit dir mal jemand ungewollt füßelt, weil er seine Beine zu weit ausstreckt, frag ihn: „Willst du auf meinem Platz sitzen? Dann wärst du näher bei deinen Beinen!"

DER SCHNEEBALL ANNA (15)

Wir waren mit der Schule letztes Jahr auf einer Skifreizeit. Am zweiten Tag haben wir vor unserer Unterkunft eine Schneeballschlacht gestartet. Irgendwann habe ich von hinten einen dicken Schneeball mit Karacho an den Kopf bekommen. Ich fluchte, benutzte Schimpfwörter und rief dann laut: „Welches Arschloch war das?" Als ich mich umdrehte, wurde es für mich sehr peinlich: Es war kein Mitschüler, der mich beworfen hatte, sondern mein Lehrer. Endpeinlich, zumal ich glaube, dass er mir meine Schimpfwörter bis heute übel nimmt.

 Hahaha, zu gut! Wir kennen das doch alle: Man tobt herum, steigert sich voll rein und lässt dann auch mal solche Sprüche raus. Aber hey, dein Lehrer muss das verstehen: Wenn er das nicht erträgt, darf er dich nicht mit einem Schneeball bewerfen. Meine Meinung! Trotzdem natürlich: endpeinlich!

DIE GERISSENE HOSE FINN (12)

Im fünften Schuljahr hatte ich eine sehr enge Hose an. Als ich dann in der ersten Pause Fußball spielte, riss sie ein kleines Stück. In der darauffolgenden Stunde saß ich völlig in Gedanken auf meinem Platz, und es kam wie es kommen musste: Ich sollte an die Tafel. Als mir dann die Kreide herunterfiel, hob ich sie auf. Ich dachte nur noch: „Sch****!", als das Gelächter losging. Meine Hose war natürlich komplett gerissen, und jeder sah meine Boxershorts. Zu allem Überfluss schickte mich meine Lehrerin auch noch ins Sekretariat, um mir Sicherheitsklammern zu besorgen. Richtig peinlich!

 Das glaube ich, dass dir das peinlich war. Einer Bekannten von mir ist mal auf einer Privatparty die Hose gerissen. Sie bewegte sich danach stundenlang nur mit dem Rücken zur Wand vorwärts. Als sie mir das am Tag danach erzählte, projizierte das ein sehr lustiges Bild in meinem Kopf. Ausgerechnet an dem Abend fragte sie ihr Schwarm auch noch, ob sie tanzen mag. Sie redete sich heraus und verließ sehr früh die Party. Ganz schlechtes Timing!

DIE HALBINSEL DES SCHRECKENS EVA (15)

Ich habe vor ein paar Wochen ein Referat in Englisch gehalten. Zu Beginn musste ich ein paar unbekannte englische Wörter erklären und an die Tafel schreiben. Eines der Wörter war „peninsula", was übersetzt „Halbinsel" heißt. Leider habe ich das Wort zuvor falsch aus dem

Internet abgeschrieben und somit auch falsch an die Tafel. Ich schrieb: „penisula". Nach den ersten fünf Buchstaben, die ich an die Tafel gekritzelt hatte, fing die ganze Klasse an zu lachen. Ich selber habe es erst nicht gemerkt und wurde dann freundlich von meiner Lehrerin darauf hingewiesen, dass hinter dem i ein n fehlte.

 Die Halbinsel des Schreckens! Könnte auch ein Horrorfilm sein. Für dich fühlte es sich sicher auch so an. Nice story mit der Penis-Ulla! :D

DER FALSCHE HÖRSAAL ALEXANDRA (21)

Vor einigen Wochen habe ich mich entschieden, nicht mehr montagnachmittags in die BWL-Vorlesung zu gehen, sondern lieber donnerstagmorgens, um noch etwas vom Tag zu haben. An dem besagten Morgen war ich dementsprechend müde und holte mir in der Pause einen Becher Kaffee und etwas zum Naschen. Meine Freunde waren zu faul, um mich zu begleiten, und gingen stattdessen ohne mich vor. Ich ging also mit Kaffee, Brötchen und

Schokolade bepackt zurück zu meinem Hörsaal –
dachte ich jedenfalls. Mit ganzer Kraft habe ich es
irgendwie geschafft, die schwere Tür zu öffnen,
und kaum war sie zugefallen, stellte ich fest, dass
ich im falschen Hörsaal stand und mitten in eine
Vorlesung geplatzt war. Die Tür befand sich direkt
neben dem Pult des Professors, also unterhalb
des Hörsaals. Alle sahen mich wie entgeistert an.

Natürlich war mir das unangenehm. Ich
wollte also schnell die Flucht ergreifen, doch da
ich ja mit meinem Essen beladen war, bekam ich
die Tür einfach nicht mehr auf. Bei den kläglichen
Versuchen schüttete ich mir natürlich den Kaffee
auf meine Hose, Schuhe und den Fußboden. Die
Studenten sowie der Professor beobachteten alles,
schließlich störte ich mit meinem Auftritt enorm.
Das Schlimmste aber war, dass ich nach dem
Verlassen des Hörsaals noch mal zurückkommen
musste, um den Boden zu trocknen. Mir ist an
dem Tag die Lust auf Kaffee gründlich vergangen.

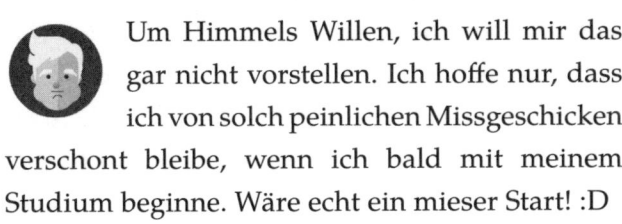 Um Himmels Willen, ich will mir das
gar nicht vorstellen. Ich hoffe nur, dass
ich von solch peinlichen Missgeschicken
verschont bleibe, wenn ich bald mit meinem
Studium beginne. Wäre echt ein mieser Start! :D

DIE LUFTGITARRE ANASTASIA (17)

Ich war in der siebten Klasse auf Klassenfahrt. Wir waren in einer Jugendherberge, wo vier Mädchen in einem Zimmer schliefen. Das einzig Blöde an der Klassenfahrt war, dass wir keine Elektrogeräte wie Handy, Laptop oder Ipod mitnehmen durften. Zumindest eigentlich nicht! Ich schmuggelte trotzdem was mit, nämlich mein Handy plus Kopfhörer. Als ich an einem Tag schneller mit dem Mittagessen fertig war als die anderen, ging ich aufs Zimmer, setzte mich auf mein Bett, schloss die Tür und drückte meine Kopfhörer in die Ohren. Da ich in dieser Lebensphase ein wenig hibbelig war, fing ich immer an zu tanzen, wenn ich Musik hörte.

So war es auch an diesem Tag: Ich suchte mir laute, elektronische Musik aus und wippte zu dem Sound. Ich hörte jetzt nichts mehr, was in der Welt um mich herum passierte. Ich steigerte mich immer mehr in die Songs hinein, sprang auf den Betten herum und spielte Luftgitarre. Ich war bereits seit drei Minuten in voller Ekstase, als ich meine Mitbewohnerinnen samt unseres Lehrers im Türrahmen erblickte. Sie schauten mir bereits seit Anfang an bei meinem Gezappel zu. Jonas, rate mal, wie mich mein Lehrer für das unerlaubte Mitbringen des Handys bestrafte? Ich musste abends vor der gesamten Klasse zu Elektromusik tanzen und Luftgitarre spielen.

 Ich hoffe, du hast vor Nervosität nicht deine Luftgitarre eingeatmet! (Ich weiß, mein Humor ist köstlich #nicht.)

2
JUNGSKRAM

IN DER KIRCHE BLAMIERT Julian (16)

Ich gehe fast jeden Sonntag mit meinen Eltern und meiner kleinen Schwester in die Kirche. Normalerweise lasse ich mein Handy zuhause, aber an diesem Sonntag habe ich es irgendwie in meiner Hosentasche vergessen. Als ich es in der Kirche gemerkt habe, wollte ich auf Nummer sicher gehen und mein Handy auf lautlos stellen. Dafür muss man allerdings erst mal den Bildschirm entsperren. Doch direkt nachdem ich ihn entsperrte, ertönte laute Country-Bauernhof-Musik aus meinem Handy. Ich hatte nämlich noch meine Farming-Bauernhof-App offen, die ich zuvor zuhause gespielt hatte.

In dem Moment schauten nicht nur alle anderen Leute in der Kirche zu mir rüber, nein, viel schlimmer: Der Pfarrer der Gemeinde hat sogar aufgehört zu predigen! Und wie böse er mich angeschaut hat! Ich war selbst so geschockt, dass ich es auch nicht schaffte, den Ton leise zu bekommen. Dann hat mich auch noch mein Vater angeschnauzt, und weil es totenstill war, hat das jeder, aber auch absolut jeder, mitbekommen! Halleluja, war das peinlich!

 Nichts ist einem selbst unangenehmer als bei totaler Stille für Lärm zu sorgen. Ich kenne das auch aus der Kirche, wenn der Pfarrer predigt und einer einen Hustenanfall bekommt. Nie waren deshalb diese drei Buchstaben passender: OMG!

DER UNSICHTBARE PASSAGIER Marcel (23)

Letztens war ich mit meiner Freundin Sandra, ihrer besten Freundin Kristin und ihrem Freund Jens im Urlaub. Auf der Hinfahrt saß ich am Steuer, meine Freundin auf dem Beifahrersitz und die anderen beiden hinten im Auto. Ich kannte sie nur flüchtig, weil ich mit Sandra auch noch nicht so lange zusammen war, doch wir verstanden uns auf Anhieb sehr gut. Als ich tanken musste, verschwand meine Freundin auf dem Klo. Die anderen sagten, sie würden sie begleiten. Ich tankte den Wagen voll, ging zur Kasse, bezahlte und ging wieder zurück zum Auto. Dort angelangt, musste ich einmal richtig dringend Luft lassen. Die Tankstelle war jedoch rappelvoll, fast an jeder Zapfsäule füllten Autofahrer ihre Wagen voll. Ich befürchtete, dass irgendwer mein Luft-Gelasse hören könnte. Also entschloss ich mich, das Ganze im Wagen zu tun. Ich öffnete also schnell die Tür, setzte mich auf den Fahrersitz und erleichterte mich geräuschvoll. Es war wirklich ein Rekord-Pups, das muss ich sagen. Den hätte man fast noch von draußen hören können. Jedenfalls genau in dem Moment, als ich mein Werk vollbracht hatte und selbst ein wenig schmunzeln musste, passierte es – ich sah durch den Rückspiegel, dass Jens auf dem Rücksitz saß. Er war schneller von der Toilette zurückgekommen als die beiden Mädels und hatte sich, seiner Aussage nach, noch während ich an der Kasse stand, wieder in den Wagen gesetzt. Während er sich totlachte, wäre ich am liebsten unterm Lenkrad versunken.

Ein Rekord-Pups, so so! Wenn er genauso rekordverdächtig gestunken hat, dann wird Jens wohl ruckzuck ausgestiegen sein. Okay, lassen wir das. Sorgen wir lieber mal für Aufklärung: Wusstest du, dass jeder Mensch pro Tag etwa 1,5 Liter Gase im Körper produziert? Die meisten gelangen zwar durch die Darmwand ins Blut und werden weiter in der Leber abgebaut und durch die Lunge ausgeatmet – der Rest aber muss als Pups aus dem Körper entweichen. Die Zahl der täglichen Pupse beträgt übrigens im Schnitt nur 12,7 Ausstöße pro Tag.

Und damit du, lieber Marcel, wirklich alles über den Pups als solchen erfährst, gibt es hier noch die Inhaltsstoffe: Jeder Pups besteht nämlich aus 40 Milliliter Gas und setzt sich aus geruchlosem Stickstoff, Kohlendioxid, Wasserstoff, Sauerstoff und aus wenigen, aber dafür übelriechenden Schwefelverbindungen zusammen. Ich hoffe, das hilft dir, die peinliche Geschichte besser zu verarbeiten.

P.S. Ja, es gab echt viele Beschwerdebriefe von Eltern... #JetztHabtIhrWiederWasGelernt :D

DER EROTISCHE ZETTEL GERRIT (25)

Als ich dreizehn Jahre alt war, waren an einem Samstagabend Freunde meiner Eltern zu Besuch. Sie aßen zusammen und unterhielten sich bis spät in die Nacht im Wohnzimmer, während ich eine Etage höher in meinem Zimmer Fernsehen schaute. Ich war gerade in der Phase, in der ich mich und meinen Körper kennenlernte (wenn ihr versteht, was ich meine), und schaute Erotikfilme.

Ja, das ist schon länger her – damals gab es noch nicht diese zwielichtigen Internetseiten. Ich musste also Vorarbeit leisten: Am selben Morgen blätterte ich die Fernsehzeitschrift durch, die in unserem Wohnzimmer lag, um zu sehen, wann die Filme anfangen. Ich konnte ja schlecht gegen Mitternacht ins Wohnzimmer hineinstolpern und in aller Seelenruhe vor meinen Eltern und deren Freunden nach Sexfilmchen Ausschau halten. Um die Sender, auf denen die Filme ausgestrahlt werden, sowie die Anfangszeiten nicht zu vergessen, schrieb ich sie mir alle auf einen Zettel auf und legte die Fernsehzeitung an seinen Platz zurück. Soviel zur (fast) täglichen Routine.

Ich hatte also auch an diesem Abend eine gute Zeit ;), und meine Eltern bekamen nicht mit, was ich da in meinem Zimmer nachts schaute. Doch mir passierte ein großes Missgeschick: Ich vergaß nämlich, den Zettel mit der Liste der Filme wegzuschmeißen. Am nächsten Tag kam meine Mutter in mein Zimmer. Sie hatte mir meine Klamotten gebügelt und in den Schrank gehangen, während ich auf dem Bett lag und gemütlich ein Buch las. Im Vorbeigehen sah sie den Zettel auf meinem Schreibtisch, nahm ihn in die Hand (sehr indiskret, wie ich heute finde) und fragte ein wenig angewidert, was das denn für ein Zettel sei. Doch bevor ich eine Ausrede erfinden konnte, las sie vor, was drauf stand: „Unterm Dirndl brennt noch Licht, 23.40 Uhr", „Schulmädchenreport, 0.15 Uhr", „Wilde Nächte in St. Tropez, 1.35 Uhr". Oh Mann, Jonas, das anschließende Gespräch mit meiner Mum war sooo peinlich.

 „Unterm Dirndl brennt noch Licht", hahahah. Ich liebe die Filmtitel von Pornos. Die sind echt zum Totlachen. Auf Platz drei meiner ewigen Bestenliste: „Alice im Ständerland". Platz zwei: „Drei Schwengel für Charlie". Und unangefochten auf Platz eins: „Kevin allein im Puff". :D

ALARM IN DER HOSE MIRCO (17)

Wie die meisten Kerle finde auch ich shoppen nicht besonders geil, aber manchmal muss es eben sein. Vor ein paar Wochen war es also mal wieder soweit. Ich brauchte alles Mögliche: T-Shirts, Jeans und vor allem Boxershorts. Ich ging also mit einem ganzen Haufen von Klamotten in die Umkleide und probierte alles nacheinander an. Sogar die Unterhosen habe ich angezogen. Eigentlich tue ich das nicht, aber ich war einfach nicht mehr sicher, welche Größe ich bei den Boxershorts hatte! Da mir irgendwie gar nichts von den Sachen gefiel, habe ich den gesamten Haufen einer Verkäuferin in die Hand gedrückt und wollte zum nächsten Laden weiter.

Ich war gerade dabei den Laden zu verlassen und überquerte gerade die Türschwelle, als die Diebstahlsirene am Ausgang piepte. Eine hübsche blonde Verkäuferin kam und fragte mich, ob ich noch irgendetwas anhätte. Ich verneinte. Die Verkäuferin bat mich, die Klamotten in der Umkleide auszuziehen. Dann kam auch noch ein Sicherheitsmann dazu – so ein richtiger Bulle von Typ. Der halbe Laden starrte zu uns dreien. Ich verschwand also erneut in die Umkleide und bemerkte es: Ich hatte noch die Boxershorts an. Meine eigene, getragene hatte ich hingegen der anderen Verkäuferin zuvor mit den übrigen Klamotten in die Hand gedrückt. In dem Moment wusste jeder – auch die hübsche Verkäuferin – dass ich sogar die Boxershorts anprobiert hatte! Das war mir so peinlich, dass ich seitdem nie wieder in dieses Geschäft gegangen bin.

Ich weiß gar nicht, welches Bild in meinem Kopf gerade lustiger ist: Wie der ganze Laden dich beobachtet, weil du mit den Boxershorts aus der Umkleide kommst und zugeben musst, was dir passiert ist? Oder wie du die Verkäuferin bittest, dir deine gebrauchte Unterhose wiederzugeben?

NACKT IM ZELT CHRISTIAN (18)

Letztes Jahr waren wir mit Freunden in einem Wald in Spanien zelten. Ich schlief allein in meinem Zelt: Weil ich am liebsten nackt schlafe, ließ ich die Klamotten auch diesmal aus und zog stattdessen den Schlafsack bis unters Kinn. Irgendwann wurde ich wach und ging, ohne auf die Uhr zu schauen, hinaus, um zu pinkeln. Ich öffnete schlaftrunken das Zelt und krabbelte heraus. Ich dachte, ich hätte schon mehrere Stunden geschlafen, doch ich täuschte mich wohl. Als ich gerade in den Büschen, die zehn Meter von meinem Zelt entfernt waren, verschwinden wollte, sah ich, dass noch drei meiner Freunde (zwei davon weiblich!) draußen saßen und redeten. Mist! Ich stand nun ohne Klamotten in der hellen Nacht (es war Vollmond). Die Drei aber waren weit genug entfernt und wandten mir ihren Rücken zu. Ich nahm mir also vor, ganz leise zu sein und mich nach dem Wasserlassen zurück ins Zelt zu schleichen. Ich schlich mich also in die Büsche. Äste brachen unter meinen Füßen, das Gebüsch raschelte und dann trat ich auch noch in einen spitzen Tannenzapfen. Jetzt mussten sie mich gehört haben. Ich hockte mich deshalb mit hochrotem Kopf hinter einen dichten Busch. Ich wollte warten, bis meine Freunde ins Zelt gehen. Plötzlich raschelte es erneut im Gebüsch. Diesmal war ich das nicht. Ich schaute mich hektisch um und sah schließlich, wie ein Tier (ich glaube ein Wildschwein) ganz nah bei mir stand und mich angrunzte. Ich habe mich so erschrocken, dass ich losschrie und nackt zum Zelt rannte. Du kannst dir vorstellen, dass ich das Gespött des Urlaubs war. Peinlich!

Was stört es die stolze Eiche, wenn sich ein Schwein an ihr reibt? Die Redewendung kam mir grad so in den Sinn. Aber hey, sei froh, dass es nur ein Wildschwein und kein Werwolf war, schließlich war es Vollmond, muuuaaah.

JÜNGER ALS ERLAUBT Felix (17)

Ich bin siebzehn Jahre alt, allerdings recht klein und sehe jünger aus. Deshalb passiert es mir regelmäßig, dass Leute mein Alter nicht richtig einschätzen können. Damit habe ich ja an sich auch kein Problem, allerdings war dieses eine Mal, von dem ich dir erzählen will, besonders peinlich: Die Eltern meiner neuen Freundin luden uns ins Kino ein. Eine sehr nette Geste, wie ich fand. Nachdem wir unsere reservierten Karten am Schalter abgeholt hatten, gingen wir ins Foyer. Dort stand ein älterer Kartenkontrolleur, der meine Karte prüfte, die Augenbrauen hochzog und mich dann fragte: „Bist du denn schon zwölf?" Die Eltern meiner Freundin fingen an zu kichern. Ich antwortete verlegen: „Ich bin siebzehn." Der Typ murmelte ungläubig so etwas wie „Ja, ne, ist klar!" Er bat mich, meinen Ausweis zu zeigen, den ich an diesem Tag nicht dabei hatte. Meiner Freundin war es natürlich endpeinlich, dass der geplante Kinoabend mit ihren Eltern wegen meines Aussehens zu scheitern drohte. Da haut ihr Vater raus: „Sie wollen doch einen Kleinwüchsigen hier nicht diskriminieren, oder?!" Der Kontrolleur war nun total verlegen und ließ uns rein. Um uns herum kicherten einige. Ich wäre meinem Empfinden nach nun am liebsten direkt in den Film „Titanic" gegangen – diese Situation war nämlich mein persönlicher Untergang.

 Beim Thema Alter kann ich dir auch eine peinliche Geschichte erzählen: Ein Bekannter von mir ist fünfundzwanzig (!) und wollte in einer Lottoannahmestelle ein Rubbellos (!) abgeben. Er hatte das Ding schon seit einer Ewigkeit in der Tasche, denn er hatte unglaubliche fünfzig Cent (!) gewonnen. Die Kassiererin weigerte sich allerdings, ihm den Betrag zu geben. Er müsse schon seinen Ausweis vorzeigen. Er hatte ihn nicht dabei und fragte dann, wie alt man denn bitte sein müsse, um ein Rubbellos (!!) einlösen zu dürfen. Die Kassiererin antwortete: mindestens achtzehn Jahre alt. Er hat dann bestimmt fünf Minuten lang versucht, sie zu überreden, ihm seinen Gewinn zu geben – denn er war ja wirklich alt genug. Doch sie ließ sich nicht überreden. Mein Kumpel war daraufhin so angepisst, dass er das Los auf der Theke liegengelassen hat und wutentbrannt aus dem Laden gerannt ist. Ich glaube, er hat danach nie wieder ein Rubbellos gekauft.

DER DREISTE KUMPEL ROLAND (16)

Als ich dreizehn Jahre alt war, fand ich es irgendwie cool, Pornos zu gucken. Das habe ich sonst immer an meinem eigenen Laptop gemacht, aber als ich einmal bei meinem Kumpel gepennt habe, hatte ich den nicht dabei. Ich habe ihm erzählt, dass ich manchmal Pornos gucke und er war total erstaunt, weil er sowas wohl noch nie gemacht hat. „Kannst du mir mal einen Porno zeigen?", fragte er und schlug vor, dafür den PC seines Vaters zu benutzen. Der sei nämlich gerade im Wohnzimmer und schaue Fernsehen, flüsterte er. Also schlichen wir uns ins Arbeitszimmer und ich öffnete die Internetseite. Mein Kumpel war aber total kindisch: Er fing an, total laut zu schreien und rief (wie eins von diesen total bescheuerten aufmerksamkeitsgestörten Kindern) immer wieder „Penis" oder sowas. Plötzlich klopfte es an der Tür. Ich schloss schnell den Tab und öffnete Google (was natürlich megaauffällig war), und in dem Moment kam auch schon sein Vater ins Zimmer und fragte, was los sei. Ich antwortete verlegen, dass wir Spiele im Internet suchen. Mein Kumpel, der Vollidiot, sagte aber total dreist, dass ich ihm einen Porno an dem Rechner gezeigt hätte. Das war sowas von peinlich und so unverschämt. Der Vater schaute mich daraufhin wütend und erstaunt an. Er sagte, er würde meine Eltern anrufen (was er allerdings nie getan hat). Trotzdem war das alles megapeinlich.

 Wer solche Kumpels hat, braucht echt keine Feinde mehr. Der Vater deines Kumpels ist aber offenbar um einiges cooler. Hätte er dich nämlich bei deinen Eltern verpetzt, hätte dir ein weiteres peinliches Gespräch bevorgestanden. Aber ganz unter uns: Ich denke ja, dass er selbst das ein oder andere Mal diverse, nicht jugendfreie Videos konsumiert und seiner Frau endlich mal ohne zu lügen den Internetverlauf erklären konnte.

DER SCHRÄGE DUSCHGESANG MICHAEL (15)

Letztens war ich allein zuhause. Weil ich noch später zu einem Kumpel wollte, sprang ich unter die Dusche. Ich muss zugeben, dass ich gerne lange dusche. Fünfzehn Minuten ist für mich nicht ungewöhnlich viel, und weil ich an diesem

Tag alleine war, können es durchaus auch zwanzig Minuten oder mehr gewesen sein. Ich sang an diesem Tag lautstark meine Lieblingssongs (natürlich total schräg). Plötzlich klopfte es an der Tür. Ich habe mich fast zu Tode erschreckt. Ich stellte die Dusche ab und sagte leise „Hallo?". In dem Augenblick hörte ich vor der Tür meine große Schwester. Sie lachte fürchterlich und rief, dass nicht nur sie, sondern auch noch zwei Freundinnen von ihr da seien. Sie würden gerade gemeinsam eine Präsentation vorbereiten, könnten sich aber bei meinem Gesang kaum konzentrieren. Sie waren schon fast eine halbe Stunde da und hatten mein komplettes „Konzert" gehört.

Ich singe auch ab und an unter der Dusche und hoffe, dass mich bisher noch keiner dabei gehört hat. Noch peinlicher aber sind diese Typen, die so singen wie du, sich aber trotzdem bei „Deutschland sucht den Superstar" anmelden, um dann von Dieter Bohlen mit Sprüchen verarscht zu werden. Das wissen dann nämlich nicht nur deine Schwester und ihre beiden Freundinnen, sondern deine ganze Schule. Also, nimm's gelassen!

MISSGLÜCKTES FLASCHENDREHEN HANNES (22)

Diese Geschichte hat sich vor längerer Zeit ereignet, als ich selbst noch zur Schule gegangen bin. Damals waren wir auf Klassenfahrt und ich war etwa vierzehn Jahre alt. Wir haben am Abend Flaschendrehen mit ein paar Mädchen gespielt. Anfangs war es noch recht einfaches Zeug, man musste irgendwen anflirten oder sich irgendwas trauen. Dann wurde es aber schon etwas spannender. Irgendwann hieß es, dass die Flasche zweimal gedreht werden muss und die zwei Personen, auf die sie zeigt, dürfen für genau zwei Minuten ins Bad gehen und dort irgendwas machen. Ich habe damals zum ersten Mal Flaschendrehen gespielt, aber schon einige sehr spannende und auch erotische Geschichten von meinem älteren Bruder darüber gehört. Jedenfalls zeigte irgendwann die Flasche erst auf ein sehr hübsches Mädchen und dann auf mich. Wir sind ins Bad gegangen, und ein Kumpel hat uns aus dem anderen Zimmer zugerufen, dass die zwei

Minuten ab jetzt liefen. Ich war total aufgeregt. Ich fing mich an splitternackt auszuziehen, weil ich irgendwie davon ausgegangen war, dass ich jetzt Sex mit diesem Mädchen hätte (Was ja totaler Schwachsinn gewesen wäre, schließlich hatten wir nur zwei Minuten Zeit! Und verdammt: Wir waren erst vierzehn!). Jedenfalls hat sich das Mädchen erst gewundert und dann total angefangen zu lachen. Im nächsten Moment ist sie aus dem Bad gerannt und hat es den anderen erzählt, die auch alle total angefangen haben zu lachen. Unfassbar peinlich!

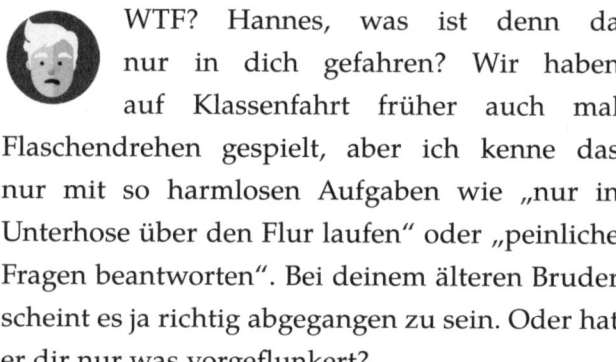 WTF? Hannes, was ist denn da nur in dich gefahren? Wir haben auf Klassenfahrt früher auch mal Flaschendrehen gespielt, aber ich kenne das nur mit so harmlosen Aufgaben wie „nur in Unterhose über den Flur laufen" oder „peinliche Fragen beantworten". Bei deinem älteren Bruder scheint es ja richtig abgegangen zu sein. Oder hat er dir nur was vorgeflunkert?

Die Graffiti-Katastrophe Lars (14)

Wenn man als Jugendlicher Langeweile hat, kommt man manchmal leider auf sehr dumme Gedanken. Die Geschichte ist noch nicht so lange her, ich war gerade dreizehn geworden und hatte, nun ja, Langeweile. Ein Kumpel fragte mich, ob ich Zeit hätte und mit ihm sprayen gehen würde. Ich hatte das zuvor noch nie gemacht und wusste ehrlich gesagt auch nicht, dass das illegal ist. Wir kauften uns also in der Stadt eine Spraydose und suchten uns einen Ort, wo es nicht so auffallen würde. Am Fluss wurden wir fündig. Unsere Longboards ließen wir oben am Zaun stehen. Wir fingen an zu sprayen: Mein Kumpel sprayte seinen Namen und ich meinen Namen sowie eine Sonne. Die Wand war bereits vor unserem Kunstwerk komplett voller Graffiti.

Plötzlich hörte ich über uns Schritte. Ich schaute hoch und sah zwei Polizisten. Mein Herz blieb fast stehen. Als mich einer der beiden bemerkte, fragte er mich, was wir da unten machen. Ich sagte vor lauter Angst die Wahrheit. Während wir eine halbe Stunde auf einen Polizeiwagen warteten und die Polizisten unsere Daten abfragten, gingen immer Menschen vorbei und jeder schaute uns an. Wir wurden dann mit dem Polizeiwagen auf die Wache gefahren. Unsere Eltern mussten schließlich kommen, um uns abzuholen. Das Jugendamt wurde sogar eingeschaltet, obwohl ich in meinem Leben noch nie etwas Illegales getan hatte. Zum Glück wurde das Verfahren eingestellt. Seitdem habe ich nie wieder gesprayt!

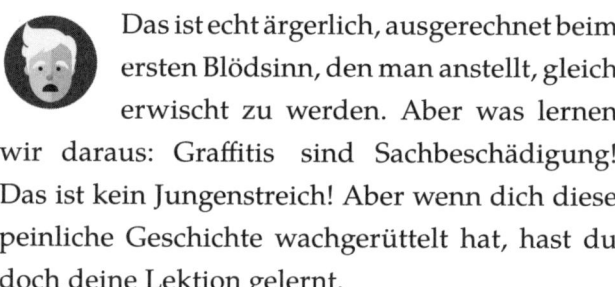 Das ist echt ärgerlich, ausgerechnet beim ersten Blödsinn, den man anstellt, gleich erwischt zu werden. Aber was lernen wir daraus: Graffitis sind Sachbeschädigung! Das ist kein Jungenstreich! Aber wenn dich diese peinliche Geschichte wachgerüttelt hat, hast du doch deine Lektion gelernt.

3
MÄDCHENGEDÖNS

Vor einem Jahr hatte ich einen Nebenjob als Babysitter. Ich sollte bis zwei Uhr nachts auf ein zehnjähriges Mädchen aufpassen, dessen Eltern auf einer Geburtstagsfeier waren. Die Eltern erlaubten ihrer Tochter, dass drei ihrer Freundinnen in dieser Nacht bei ihr schlafen durften. Am Anfang lief es echt chillig, und ich hatte einen sehr leichten Job. Die Mädchen beschäftigten sich miteinander, und als ich um 22 Uhr in ihr Zimmer schaute, war es dunkel und mucksmäuschenstill. Ich ging davon aus, dass sie bereits schliefen und machte es mir vor dem Fernseher gemütlich. Ich war gerade eingedöst, als sich plötzlich ruckartig die Tür des Kinderzimmers öffnete, und die vier Mädchen auf mich zu rannten. Eine der vier (die war echt gestört) sprang auf mich drauf, schlug mich und kniff mich. Zwei andere hielten meine Arme fest, während mir die Tochter meiner Auftraggeber Klebeband um den Oberkörper wickelte.

Ich wehrte mich zwar, doch mir fehlte nach meinem kurzen Schlaf einfach die Kraft. Sie schafften es deshalb, mich zu fesseln. Die Gestörte zog sogar meine Jogginghose herunter.

Zu meinem Leidwesen verhakte sie sich an meiner Unterhose, die dadurch ebenfalls ein wenig herunterrutschte. Die Vier sind bestimmt eine Viertelstunde auf mir herumgeturnt, als Gott sei Dank endlich die Eltern nach Hause kamen. Erst waren sie erstaunt und fingen an zu lachen, weil sie wohl dachten, dass es sich um ein Spiel handelte. Doch als sie sahen, dass ich gefesselt und halbnackt war, haben sie gerafft, dass irgendwas völlig falsch lief. Am Ende haben sie sich entschuldigt, und ich bekam ein extra Trinkgeld. Aber seitdem bin ich nie wieder babysitten gegangen.

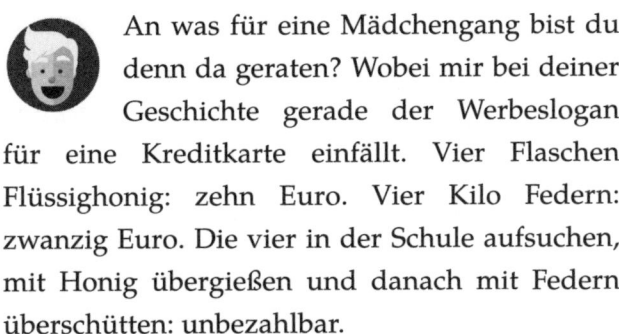 An was für eine Mädchengang bist du denn da geraten? Wobei mir bei deiner Geschichte gerade der Werbeslogan für eine Kreditkarte einfällt. Vier Flaschen Flüssighonig: zehn Euro. Vier Kilo Federn: zwanzig Euro. Die vier in der Schule aufsuchen, mit Honig übergießen und danach mit Federn überschütten: unbezahlbar.

DIE FALSCHEN BRÜSTE Kosima (15)

Meine beste Freundin Dora und ich sind echt zwei verrückte Hühner. Einmal ist uns das zum Verhängnis geworden. Ich war neulich mit ihr im Schwimmbad, wo wir häufiger gemeinsam hingehen. In letzter Zeit spielen wir uns dabei hin und wieder mal Streiche, ziehen der anderen am Slip, öffnen auf dem Sprungbrett ihren Bikini oder tauchen ihr zwischen den Beinen durch, so Kindereien halt. An diesem Tag habe ich mir mal wieder etwas besonders Albernes ausgedacht. Wir waren gerade im Außenbecken, wo es eine „Wasserbank" gibt. Dies ist so eine Fläche am Beckenrand, auf die man sich im Wasser hinsetzen oder hinlegen kann. Dora saß dort bereits, während ich einen Plan am anderen Ende des Beckens ausheckte.

Ich wollte Dora erschrecken und tauchte durch das gesamte Becken (etwa zehn Meter) auf die Wasserbank zu. Als ich vor ihr auftauchte, hatte ich noch tierisch viel Wasser in den Augen. Ich sah deshalb nur verschwommen und spürte, dass ich unter Wasser die Orientierung verloren hatte. Allerdings musste ich schnell handeln, damit sich Dora überhaupt noch erschrecken ließ. Zum Glück erkannte ich sofort ihren Bikini und führte meinen Plan aus: Ich grabschte ihr an die Brüste. Plötzlich schrie Dora los. Oder besser gesagt: eine junge Frau. Denn das war gar nicht Dora. Der Bademeister, der heraneilte, hat uns ziemlich verstört angeguckt, als wir versucht haben, ihm das Missverständnis zu erklären. Wir haben daraufhin sofort das Schwimmbad verlassen und sind bis heute auch nicht mehr dort hingegangen. Einfach zu peinlich!

 Ihr grabscht euch also mitten im Schwimmbad gegenseitig an die Brüste??? Machen das Mädchen so? Also bei der Nummer mit dem gemeinsam aufs Klo gehen, bringe ich ja irgendwie noch Verständnis auf. Aber das ist doch krank, oder? Wobei: Wir Typen finden sowas ja auch super ... hmm... na, meinetwegen.

DAS KAUGUMMI JENNY (13)

Ich saß neulich im Bus und war auf dem Weg zur Schule, als meine Lateinlehrerin – eine sehr strenge Frau – an einer Haltestelle zustieg.

Sie setzte sich mir gegenüber. Wir unterhielten uns eine Weile über die Schule und das Wetter, als es mich in der Nase juckte. Ich versuchte es zu unterdrücken, doch es gelang mir nicht: Ich habe so stark geniest, dass mir das Kaugummi, auf dem ich die ganze Zeit herumkaute, aus dem Mund und genau auf die Hose meiner Lehrerin flog. Sie forderte mich ein wenig hysterisch dazu auf, das Kaugummi sofort von ihrem Schoß zu entfernen. Doch irgendetwas machte ich offensichtlich falsch, denn anstatt das Kaugummi vom Stoff zu lösen, rieb ich es versehentlich weiter ein. Alle Leute im Bus haben das Gezeter meiner Lehrerin gehört. Megapeinlich. Am Ende schickte sie meinen Eltern sogar noch eine Rechnung über die Kosten der Reinigung, die mit mir über den Vorfall dann auch noch mal redeten.

Na, die Lehrerin ist ja eine Sympathieträgerin. Mal ehrlich, was kannst du denn bitte dafür? Ich an ihrer Stelle hätte einfach zurückgespuckt - dann wäre es aus der Welt. So lösen das jedenfalls Jungs... :D

DAS VORSTELLUNGSGESPRÄCH NADJA (19)

Vor etwa einem Jahr habe ich mich für ein Jahrespraktikum bei verschiedenen Firmen beworben. Ausgerechnet das Unternehmen, das ich am liebsten mochte, meldete sich als erstes zurück und lud mich zum Vorstellungsgespräch ein. Doch an dem Morgen des Vorstellungsgesprächs lief alles schief. Ich hatte doch glatt eine halbe Stunde verschlafen. Ich verpasste daher die erste Bahn. Um immerhin noch die nächste Bahn zu erwischen, musste ich mich sehr abhetzen. Ich verschlang eine Scheibe Brot und einen Apfel, sprang kurz unter die Dusche und packte in aller Eile meine Tasche. Ich schmiss einfach alles hinein, was ich vielleicht gebrauchen könnte. Da ich vorher einen kleinen Puffer eingeplant hatte, schaffte ich es doch noch, pünktlich zu meinem Termin zu kommen. Die Sekretärin schickte mich sofort in das Büro des Unternehmensleiters. Und dort passierte mir, immer noch völlig aufgewühlt von der stressigen Anfahrt, das Missgeschick: Gerade als ich ihm die Hand gegeben hatte und mich hinsetzen wollte, fiel mir meine Handtasche auf den Boden. Da ich morgens so in Eile war, hatte ich sie gar nicht richtig zugemacht, sodass sich der Inhalt meiner Tasche auf dem gesamten Boden verteilte. Der Chef bückte sich neben mich und half mir beim Aufheben. Eigentlich ja total nett von ihm, doch das Peinliche war: In meiner Tasche befanden sich all meine Notfall-Tampons, die nun bis weit unter seinen Schreibtisch gerollt waren. Er hat mir eine ganze Handvoll zurückgegeben. Das war megapeinlich.

 Das muss man sich mal vorstellen (das Verb passt perfekt im Zusammenhang mit einem Vorstellungsgespräch :D), wie peinlich. Mich würde interessieren, ob du das Praktikum trotzdem bekommen hast, oder ob der Chef gesagt hat: „In der Regel" stellt er nur Jungs ein... (mein Humor steigert sich ins Unendliche, ihr merkt es schon :D).

PEINLICHER EINKAUF Alexandra (15)

Vor ein paar Tagen haben meine Freundinnen und ich aus Langeweile „Wahl, Wahrheit oder Pflicht" gespielt. Als ich an der Reihe war, entschied ich mich für „Pflicht". Meine Aufgabe bestand nun darin, in eine Drogerie zu gehen und eine Packung Scheidencreme, extragroße Tampons und stark saugfähige Binden zu kaufen! Oh Gott, ich war mir nicht sicher, ob ich das tun sollte. Aber ich wollte nicht kneifen und tat es dann doch – schlechte Idee. Ich fuhr mit meinen Freundinnen mit dem Fahrrad extra zu einer

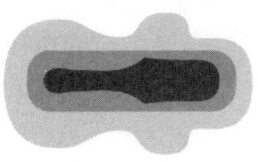

kleinen Drogerie etwas außerhalb der Stadt, da ich mir sicher war, dort niemandem zu begegnen, den ich kannte.

Ich ging also in die Drogerie hinein, meine Freundinnen warteten draußen. Ich habe mir schnell die Sachen gegriffen und wollte zur Kasse eilen, als es passierte: Total in Gedanken versunken, bemerkte ich nicht, dass der süße Junge, der in der Schule eine Stufe über mir ist, vor mir stand. Ich knallte schwungvoll gegen ihn und ließ vor lauter Schreck die Sachen fallen. Er half mir sie aufzuheben und bekam einen Riesen-

Lachflash, als er die Scheidencreme und die XXL-Tampons erblickte!

Das war mir soo peinlich! Ich bezahlte die Sachen schnell und fuhr genervt wieder nach Hause. Der Typ erzählte es natürlich in der Schule herum. Von nun an nennen mich alle in seiner Stufe SCHEIDEN-GIRL!

 Der Spitzname klingt ja wie der einer Superheldin, so wie Catwoman. SCHEIDEN-GIRL – der neue Kino-Blockbuster. Ich sehe es schon in Leuchtbuchstaben vor mir. Alexandra, entschuldige, ich bin abgeschweift. Gut nur, dass ich ein Junge bin und solche Produkte gar nicht in der Drogerie kaufen muss. Sowas kann uns nur passieren, wenn wir Kondome kaufen. Ich erinnere da gerne an eines meiner neueren Videos, als ich „Extra-Schmal"-Kondome in der Drogerie kaufen musste (peinlich! :D)

NACKT VOR DER CHEFIN LEA (17)

Mir ist bei meinem Schülerpraktikum in der Gärtnerei vor zwei Jahren etwas sehr Peinliches passiert. Im Laufe des dritten Praktikumstages bekam ich meine Tage. Die kommen ja immer, wenn man sie am wenigsten gebrauchen kann. Ich ging deshalb auf die Toilette, um die nötigen Handgriffe zu erledigen. Ich lief zügig dort hin, da der Laden voller Kunden war. Und in dieser Eile vergaß ich doch tatsächlich, die Tür von der Kabine abzuschließen. Ich zog meine Hose aus, um mein Tampon zu wechseln, und ausgerechnet in diesem Moment kam meine Chefin in die Toilette rein. Und wie es der Zufall wollte, hat sie natürlich genau die Kabine geöffnet, in der ich mich befand. Sie sah mich dann mit heruntergezogener Hose dort stehen, wie ich mir gerade den Tampon einführte! Es war mir so megapeinlich! Später erzählte mir meine Chefin, dass auch sie sich total geschämt hat.

 Ohje, das sind die Momente, in denen man am liebsten im Erdboden versinken will. Ich kann mir vorstellen, dass du seitdem einen Tick hast: nämlich immer noch einmal zu prüfen, ob die Tür tatsächlich zugesperrt ist. Ich kenne viele Jungs, die auch immer noch nachschauen, ob sie den Reißverschluss ihrer Hose hochgezogen haben. Und das nur, weil sie irgendwann einmal mit offener Hose vom Klo gekommen sind und sich so blamiert haben.

DIE MUTPROBE CELINA (17)

Eine Freundin und ich sind mal mitten in der Nacht heimlich auf das Grundstück eines Mannes in unserem Dorf gegangen. Das war eine Mutprobe. Der Typ war nämlich sehr alt und grimmig. Er keuchte auch immer sehr stark beim Sprechen, weshalb wir Nachbarskinder uns immer erzählt haben, dass er bestimmt Katzen isst und Vögeln das Gefieder bei lebendigem Leibe herauszupft. Zu dieser Zeit war in seinem Garten ein riesiges Schlammloch, weil Bauarbeiter dort neue Rohre verlegten. Die Mutprobe bestand darin, fünf Minuten in dem Schlammloch mit Klamotten zu baden. Nur drei Minuten nachdem wir uns hineingeschmissen haben, kam der Hausbesitzer aus der Tür. Wir liefen rot an, schrien vor Angst. Er lachte und sagte: „Ach, macht ruhig weiter, Schlamm ist gesund." Der grimmige alte Mann erwies sich als lieber Mensch. Uns war peinlich, dass wir ihn vorverurteilt haben. Zu allem Überfluss habe ich im Schlamm noch meinen linken Schuh verloren und nicht mehr wiedergefunden.

Vergiss deinen Schuh. Die Lektion solltest du behalten: Verurteile nicht bevor du einen Menschen kennst. Wie du siehst, helfen peinliche Geschichten sogar beim reifer werden.

DER ROTE FLECK LENA (15)

In der siebten Klasse haben wir einen dreitägigen Klassenausflug nach Hamburg gemacht. Während der Busfahrt merkte ich plötzlich, dass irgendetwas Rotes aus meinem Rucksack lief. Ich befürchtete bereits, dass mir ein Saft ausgelaufen war, und durchsuchte deshalb meinen Rucksack. Zu allem Überfluss machte meine Sitznachbarin daraus ein riesiges Drama, sodass auch unsere Lehrerin kam und fragte, ob sie mir helfen könne. Als ich in meinem Rucksack nichts gefunden habe, rief plötzlich der Junge, der vor mir saß, dass auch unterhalb meines Hosenschlitzes ein großer roter Fleck sei und dass die Flüssigkeit wohl in meiner Hose seinen Ursprung habe. Erst wollte ich ihn für dumm erklären, aber dann fragte mich ausgerechnet meine Lehrerin vor ALLEN Mitschülern: „Hast du vielleicht das erste Mal deine Tage?" Tatsächlich hatte ich zuvor noch nie meine Tage gehabt. Genau an diesem blöden Tag mussten sie zum ersten Mal auftreten. Und das Schlimmste: Obwohl es ein Doppeldecker-Bus war, sprach es sich natürlich wie ein Lauffeuer herum. Und da all meine Klamotten im Kofferraum des Reisebusses waren, konnte ich meine Hose nicht einmal so schnell wechseln. Ich wäre am liebsten gestorben!

 Damn it! Das ist total bitter. Ich leide mit dir (ohne zu wissen, wie sich das anfühlen muss!). Jetzt hätte nur noch gefehlt, dass der Busfahrer dieses biologische Wunder über die Lautsprecher bekannt gegeben hätte: „Liebe Fahrgäste, zu eurer linken Seite seht ihr auf Sitzplatz 22 die Rote Flora. Wenn ihr schnell die Fotoapparate zückt, könnt ihr davon noch einen Erinnerungsschnappschuss machen." Und um meinen Kommentar jetzt mit einem klassischen Wortspiel zu beenden (das muss leider sein, tut mir leid): Diese Geschichte ging wohl regelrecht in die Hose. Verstehst Du? „REGELrecht". Hahaha :D

DER BADMÜLL MARINA (16)

Meine Geschichte spielt an einem Wochenende, an dem ich bei meinem Freund Nils übernachtet habe. Ich hatte blöderweise genau zu der Zeit meine Tage. Weil ich ihn aber so gerne sehen wollte, bin ich trotzdem zu ihm gegangen. Ich musste an dem Abend auch mal Wasser lassen und bin aufs Klo gegangen. Meine Blutungen waren an dem Tag echt schlimm. Deshalb wechselte ich bei dieser Gelegenheit auch gleich meine Binde, wickelte sie in Toilettenpapier und warf sie in den dortigen Mülleimer. Ich habe mir dabei nichts gedacht, weil ich das immer so mache. Im Laufe des Abends kam Nils' Mutter ein wenig aufgebracht in sein Zimmer. „Hast du noch dreckige 60-Grad-Wäsche? Ich muss sofort den Badteppich waschen", sagte sie hektisch und hielt uns den weißen Badvorleger entgegen, auf dem ein kleiner, aber gut sichtbarer Blutfleck zu sehen war.

Als die Mutter weg war, ging ich mit einer gewissen Vorahnung ins Bad und sah, wie der gesamte Badmüll über den Boden verteilt war. Nils' Hund muss zuvor den Mülleimer umgestoßen und dessen Inhalt zerfetzt haben.

Das mache er häufiger, sagte Nils, und sah dabei in mein knallrotes Gesicht (er hat aber zum Glück nicht nachgefragt). Das Problem war nämlich nicht nur, dass sich das Blut meiner Periode auf dem Badteppich von Nils' Eltern befand, sondern vor allem, dass Nils' Mutter wusste, dass es meins war! Nils' kleine Schwester war nämlich erst acht Jahre alt, und dass sie selbst nicht ihre Tage hatte, wusste sie ja am allerbesten. Ich konnte seiner Mutter ab diesem Tag nicht mehr in die Augen sehen. Mir war das so unfassbar peinlich. Ich hoffe bis heute, dass sie es ihm nicht erzählt hat.

 Autsch! Der Hund ist anscheinend eine echte Schnüffelnase, definitiv zu deinem Leidwesen.

PLÖTZLICH SCHWANGER NADJA (16)

Ich habe eine Freundin namens Silke, die eigentlich total cool ist, wenn sie mir nicht andauernd Streiche spielen würde. Jedenfalls hat sie vor einiger Zeit einen richtig miesen Witz abgezogen. Sie hat mir, ohne dass ich es bemerkt habe, einen positiven Schwangerschaftstest (so einen

Scherzartikel) in mein Schulmäppchen gesteckt. Du musst wissen: Sie selbst sitzt nicht neben mir, weil wir so eine Junge-Mädchen-Sitzordnung haben. Rechts und links von mir sitzen also zwei Jungs, und der süßere von beiden entdeckte den Test. „Sag mal, bist du schwanger?", fragte er mich verlegen und zeigte auf den Inhalt meines Mäppchens. Ich verneinte natürlich. Weil ich ahnte, dass Silke dahinter steckte, und mich echt darüber ärgerte, seufzte ich wohl etwas zu laut: „Oh, Silke!" Das bekamen nun weitere Mitschüler und auch meine Lehrerin mit. Sie fragte, was los sei, nahm den Schwangerschaftstest an sich und holte mich am Ende der Stunde zu sich. Sie meinte, ich sei ja „erst" sechzehn und könnte mit ihr über all meine Probleme reden. Ich habe mich sowas von geschämt.

Die 45-Minuten-Schwangerschaft ist echt nicht zu unterschätzen. Da braucht es auf jeden Fall psychologische Hilfe seitens einer erfahrenen und gut ausgebildeten Lehrerin. Und hey, wem sollte man auf dieser Welt mehr vertrauen als einer Frau, die eine Attrappe nicht von einem echten Schwangerschaftstest unterscheiden kann. Logisch!

NIPPLEGATE Teresa (15)

Kürzlich hatten wir in der Schule im Sportunterricht Schwimmen. Wie immer bin ich mitgeschwommen, während die „Kranken", die nicht mitgemacht haben, am Rand saßen und zuschauten. An diesem Tag übten wir Rückenschwimmen. Es lief auch alles gut, bis plötzlich mehrere vom Rand meinen Namen riefen. Erst habe ich es ignoriert, weil ich dachte, dass sie mir sagen wollten, dass meine Wimperntusche verschmiert war. Ich hatte nämlich vergessen, mich abzuschminken. Nachdem sie aber nicht aufgehört hatten, mich zu rufen, habe ich mich schon gewundert, was so wichtig sein konnte, bis eine meiner Mitschülerinnen schrie: „Teresa, man sieht deine Nippel!" Während des Schwimmens war offenbar, ohne dass ich es bemerkte, mein Bikinioberteil verrutscht. Die Jungs haben sich natürlich völlig schlapp gelacht.

 Davor fürchtet sich doch jedes Mädchen. Ich erinnere mich bei deiner Geschichte sofort an Janet Jackson. Bei ihrem Auftritt in der Halbzeitpause des Superbowl-Finales 2004 entblößte Justin Timberlake versehentlich ihre rechte Brust. Diese Szene sahen mehr als 100 Millionen (!) Fernsehzuschauer, der Skandal ging als „Nipplegate" in die Geschichte ein. Da kannst du ja noch froh sein, dass es nur ein paar Jungs waren. :D

OBEN OHNE DURCHS FITNESSSTUDIO MARIE (17)

Neulich war ich im Fitnessstudio. Ich habe mich eine Stunde auf dem Laufband gequält und war dementsprechend geschwitzt. Ich sprang deshalb anschließend unter die Dusche, nachdem ich meine Klamotten mit einem Vorhängeschloss im Spind eingeschlossen hatte. Als ich klitschnass zum Spind zurückkehrte, bemerkte ich, dass ich auch meinen Schlüssel darin eingesperrt hatte. Ich Idiot! Ich rief laut um Hilfe, doch niemand reagierte. Nach ein paar Minuten entschloss ich mich, zur Rezeption zu gehen. Ich hatte jedoch nur ein viel zu kleines Handtuch, das ich nun entweder um meine Hüfte oder um meine Brüste wickeln konnte. Ich entschied mich für die Hüfte und ging „oben ohne" zur Rezeption, vorbei an einigen Sportlern, die ebenfalls ihr Workout hinter sich hatten. Ich sah aus wie ein halbnacktes Streichholz, so rot war mein Kopf. Das war die peinlichste Geschichte meines Lebens.

Ich kann mich sehr gut in dich hineinversetzen: megapeinlich. Das Ding ist eben auch einfach, dass du die Leute dort wahrscheinlich nicht das letzte Mal gesehen haben wirst. Aber wenn du in den vergangenen Wochen schon häufiger aufs Laufband gegangen bist, dürfte sich niemand an dem Anblick deiner Figur gestört haben. Im Gegenteil: Du wirst demnächst bestimmt dauernd angeflirtet. Viel Spaß dabei! :D

DAS PRÄSERVATIV MARITA (17)

Ich habe in den letzten Schulferien in einer Drogerie gearbeitet, um mir mein Taschengeld aufzubessern. Eines Tages kam eine ältere Dame um die siebzig in den Laden und bat mich um Hilfe. Natürlich wollte ich ihr helfen. Allerdings stand ich sehr ratlos da, als sie mich fragte: „Wo haben Sie denn bitte die Präservative?" Etwas verdutzt stand ich vor ihr. Ich hatte von diesem Produkt noch nie gehört und sagte deshalb: „Haben wir leider nicht!" Die ältere Dame sah mich sehr ungläubig an. Deshalb stellte ich eine Gegenfrage: „Oder für was ist das?" Die Dame, nun peinlich berührt, schaute mich verlegen an: „Oh, Sie wissen gar nicht, für was das ist? Das ist für den Geschlechtsverkehr." Beschämt ging ich zu dem Regal, in dem die Kondome standen. Ich war sehr froh, dass diese Aktion keine Kollegin mitbekommen hat. Zuhause wurde ich von meiner Mutter aufgeklärt. Seit diesem Tag ist das Wort Präservativ fest in meinem Kopf eingeprägt.

 Schön, dass wir dieses Wort dank deiner Geschichte wieder ins Bewusstsein unserer Generation holen.

Jetzt mach' ich mal den Oberstreber: Präservativ kommt aus dem Lateinischen, praeservare bedeutet vorbeugen oder verhüten. Wusstest du eigentlich, dass bereits die alten Griechen vor über 3000 Jahren Kondome benutzt haben? Damals kannten sie Silikon noch nicht, deswegen waren die Kondome aus Ziegenblasen! Aber auch Blinddärme von Kälbern, Ziegen und Schafen sowie Fischblasen wurden dafür früher benutzt. Wie ekelig ist das denn?

DIE WEINKÖNIGIN SVENJA (17)

Im vergangenen Jahr habe ich in unserem Dorf bei der Wahl zur Weinkönigin mitgemacht. Das ist bei uns eine Riesensache. Es war deshalb schon immer mein Traum, einmal diese Krone aufsetzen zu dürfen. Doch diese Krone wollen viele. Deshalb gibt es jedes Jahr einen großen Wettbewerb, bei dem jedes Mädchen Aufgaben lösen muss, tanzen soll, ein selbst geschriebenes Gedicht vorträgt und natürlich hübsch aussehen muss. Ich muss zugeben, dass ich sehr aufgeregt war, als nach einem langen und anstrengenden Tag endlich die Entscheidung bekannt gegeben werden sollte. Ich stand mit fünf anderen Mädchen auf der Bühne. Vor der Bühne stand das halbe Dorf, meine Familie, Mitschüler, Lehrer. Meine Anspannung erreichte ihren Höhepunkt, meine Beine und mein Oberkörper verkrampften sich. Mir wurde plötzlich speiübel, vermutlich deshalb, weil ich vor Aufregung den gesamten Tag nichts gegessen hatte. Doch anstatt einfach die Siegerin zu nennen, fragte der Moderator jede einzelne Kandidatin, wie sie sich denn jetzt fühle. Ich war als letztes dran. Und gerade, als ich antworten wollte, passierte es: Ich übergab mich über das Mikrofon, das mir der Moderator vor den Mund hielt. Das Publikum lachte sich kaputt. Den Titel der Weinkönigin gewann eine andere. Und die Lokalzeitung schrieb am nächsten Tag ebenfalls über den Vorfall. Das ganze Dorf wusste Bescheid!

 Ich weiß ja nicht, wie es euch geht: Aber ich kann Moderatoren, die künstlich auf Spannung machen, nicht ausstehen. Ich finde, du hast die bestmögliche Antwort gegeben, stellvertretend für uns Hingehaltenen da draußen! Deshalb: DANKE! Aber um dich zu trösten, nun ein weiser Motivationsspruch als Rat

für dich: Hinfallen, aufstehen, Krönchen richten. Ähm, verdammt, du hast ja gar kein Krönchen bekommen...ups. :D

4

BEZIEHUNGS-
KATASTROPHEN

DIE WHATSAPP-GRUPPE SASKIA (16)

Ich habe neulich mit meinen drei besten Freundinnen über WhatsApp geschrieben. Wir haben da eine gemeinsame Gruppe, in der wir über Klatsch und Tratsch schreiben, aber auch über ernste Dinge. Wir waren gerade in einer spannenden Diskussion über Jungs aus unserer Klasse, da schrieb mir mein Vater, ich solle endlich für die Englischarbeit lernen und nicht meine Zeit bei WhatsApp vergeuden. Er macht sich da manchmal einen Spaß raus: Er sitzt im Wohnzimmer, ich eine Etage höher, und wenn er auf seinem Handy sieht, dass ich online bin, schreibt er mir anstatt es einfach hochzurufen.

Ich schrieb ihm, dass ich das gleich machen werde, da ich an dem Abend noch mit Freundinnen ins Kino gehen würde. Das entsprach aber nicht der Wahrheit. Ich ging schnell auf die Toilette. Als ich zurück in mein Zimmer kam, fiel mir ein, dass ich ja noch schnell auf die Nachricht meiner Freundinnen antworten wollte. Ich wollte ihnen nämlich erzählen, dass ich an dem Tag noch ein Kino-Date mit Julian, meinem neuen Freund, hatte. Ich erstellte schnell eine Sprachnachricht und schickte sie ab. Doch dann bemerkte ich meinen Fehler: Der Chat mit meinem Vater war noch offen, nicht die Gruppe mit meinen Freundinnen. Mein Vater wusste weder was von meinem Date noch von meinem Freund. Jetzt schon!

 Kleine Sünden bestraft der liebe Gott sofort! ;) Aber mal ehrlich: Wer hat noch nie eine Nachricht an einen Falschen geschickt? Mich würde ja die Antwort des Vaters interessieren. Ich schlage drei mögliche vor:

Antwort A, Typ strenger Vater: „Falls das Kino nicht in deinem Zimmer ist, solltest du das Treffen absagen! #Hausarrest"

Antwort B, Typ neugieriger Vater: „Alter, Haarfarbe, Klasse, Beruf der Eltern – und all das in den nächsten fünf Minuten"

Antwort C, Typ cooler Vater mit Nervpotenzial: „Ein neuer Freund??? Daumen hoch, Feuerwerk, yeah! Bring ihn bald mal mit!"

DER PREISGEKRÖNTE GARTEN BENJAMIN (24)

Ich habe mal ein extrem kurioses erstes Date gehabt. Laura und ich hatten uns in einer Bar verabredet. Wir waren beide etwas nervös, und es dauerte nicht lange, bis jeder von uns fünf Cocktails getrunken hatte. Laura war sturzbetrunken, und ich begleitete sie nach Hause. Es war schon relativ spät, sodass ihre Eltern bereits schliefen. Laura hatte mir zuvor erzählt, dass ihr Vater sehr viel Mühe in seinen Vorgarten steckt und damit sogar bereits Preise gewonnen hat. Und tatsächlich, der Garten war traumhaft schön, viele Rosen, Tulpen und Magnolien, ein kleiner Brunnen in der Mitte und kurz gemähter Rasen.

Wir waren gerade im Hausflur angekommen, als Laura sich übergeben musste. Sie rannte hinaus, doch anstatt über das Geländer in den Garten zu brechen, kotzte sie in ihren Ärmel, weil sonst ihr Vater komplett ausgeflippt wäre. Nun war ihr gesamter Pullover voll mit Erbrochenem! Ich ging mit ihr hoch und war gerade dabei, ihr die Klamotten auszuziehen, als sie plötzlich aufstand und ins Bad rannte. Nach einigen Minuten sah ich nach ihr. Sie hatte sich in den Badvorleger eingerollt und lag schlafend vor der Dusche. Ich hob sie hoch, hievte sie halbnackt über meine Schulter und wollte sie in ihr Bett bringen. Und dann geschah es: Auf dem Weg zu ihrem Zimmer kam mir ihr Vater entgegen, und er sah, wie mitten in der Nacht ein wildfremder Mann seine nackte und sturzbetrunkene Tochter im Arm trug. Er sagte nur: „N'Abend!" Ich erwiderte dasselbe. Es war das letzte Treffen mit Laura. Nicht nur, dass uns allen das extrem peinlich war. Was mich ehrlich gesagt an der ganzen Situation am meisten irritiert hat, war die Reaktion des Vaters! Er schien seine Tochter nicht zum ersten Mal besoffen und nackt in den Armen eines Fremden zu sehen…

 Laura ist definitiv die verantwortungsvollste Besoffene, von der ich je gehört habe. Respekt!

DER BRIEFTRÄGER MARIE (15)

Jonas, ich muss dir zuerst ein Geheimnis verraten, bevor ich mit meiner Geschichte loslege: Ich stehe total auf René, unseren Briefträger. Der ist zwar bestimmt zehn Jahre älter als ich, aber sooo süß. Wegen der Schule sehe ich ihn leider nur samstags und in den Ferien. Aber dafür stehe ich jedes Mal am Fenster, wenn er vorbeikommt, und beobachte ihn dabei, wie er die Post in unseren Briefkasten

wirft. Als ich nicht mehr abwarten wollte, dass er mir auch einen Zettel mit seiner Telefonnummer hinterlässt (mein Tagtraum!), ergriff ich selbst die Initiative. Meine Eltern, die von dieser Schmachterei nichts wussten und auch nichts wissen sollten, waren an diesem Samstag mit dem Fahrrad unterwegs. Kurz bevor also René den Garten meines Elternhauses betrat, öffnete ich, nur in einem Bademantel bekleidet, die Tür, ging ihm lässig entgegen, grüßte gechillt, lächelte ihn verliebt an, als es nach einem heftigen Windstoß hinter mir laut krachte: Die Haustür war zugefallen und ich hatte keinen Schlüssel dabei. Der süße René begleitete mich zu unseren Nachbarn, damit ich (im Bademantel) dort auf meine Eltern warten konnte. Das war so peinlich, dass ich ihn nicht nach seiner Telefonnummer gefragt habe und das jetzt auch bestimmt nicht mehr machen werde.

Ich habe ja schon viel gehört: Dass Mädchen auf den Referendar stehen, auf den Tennistrainer oder auf YouTuber (mein Tagtraum!). Aber Briefträger??

DIE SPRACHLÜGE FABIAN (17)

Meine Geschichte liegt schon eine Weile zurück.
Ich war gerade frisch mit meiner Freundin
zusammen und wollte sie zuhause abholen, um
mit ihr eine Runde um den Block zu gehen. Als ich
bei ihr ankam, aß ihre Familie gerade zu Mittag.
Sie fragten mich, ob ich nicht Lust hätte mit zu
essen. Ich sagte Ja, und während des Essens sagte
ihre kleine Schwester, dass ich wie ein Portugiese
aussähe. Ich sagte, dass ich auch einer bin. Da
fragte mich die Mutter, ob ich portugiesisch könne.
Ich Idiot wollte sie beeindrucken und bejahte,
obwohl das gar nicht stimmte, schließlich lebe
ich fast von Geburt an in Deutschland. Ich hätte
einfach auf den Rat meiner Eltern hören sollen,
auch meine Muttersprache als Kind zu lernen.
Und dann passierte es: Sie fing plötzlich an, mit
mir portugiesisch zu sprechen. Frag mich nicht,
woher sie das konnte. Ich war nun in Bedrängnis
und versuchte mich herauszureden. Ich sagte,
ich hätte mich vertan. Natürlich spreche ich aber
spanisch, sagte ich, was allerdings auch eine
Notlüge war. In dem Moment fing der Vater an,
mit mir spanisch zu reden. Ich verstand wieder
nichts. Also beichtete ich, dass ich beide Male

gelogen hatte. Das war das Peinlichste, was ich je erlebt habe. Zum Glück haben wir uns schon sehr bald getrennt, und ich musste den Eltern nicht mehr so häufig begegnen.

 Embarazoso, muy embarazoso! Das ist spanisch und heißt das, was ich gerade denke empfinde: peinlich, sehr peinlich!

DIE MITTERNACHTSTORTE JEREMY (18)

Vor etwa einem halben Jahr habe ich bei meiner Freundin Lisa, mit der ich seit drei Jahren zusammen war, übernachtet – und zwar in der Nacht, in der sie siebzehn wurde. Wir wollten romantisch in ihren Geburtstag reinfeiern. Ihre Eltern waren zwar zuhause, aber sie gingen bereits früh ins Bett. Pünktlich um Mitternacht küsste ich meine Freundin und sagte ihr, dass wir mit einem ganz besonderen Geschenk anfangen könnten. Wir wussten beide, dass damit Sex gemeint war. Also zogen wir uns aus, kuschelten nackt und bei angeschaltetem Licht auf ihrer Couch. Wir fingen gerade an, miteinander zu schlafen, als es plötzlich an der Tür klopfte.

Ohne eine Antwort abzuwarten, öffnete sie sich. Es geschah der Albtraum: Ihre Eltern kamen gemeinsam mit Lisas kleiner Schwester sowie einem Kuchen, auf dem sich siebzehn brennende Wunderkerzen befanden, herein. Sie sangen Happy Birthday, doch in dem Moment als sie uns entdeckten, hörten sie schlagartig auf. Den geschockten Gesichtsausdruck ihrer Eltern werde ich niemals vergessen. Nur ihre kleine Schwester bekam sich nicht mehr ein vor Lachen. Lisas Eltern entschuldigten sich und verließen beschämt das Zimmer.

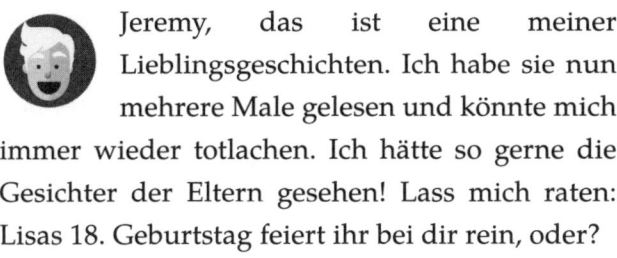 Jeremy, das ist eine meiner Lieblingsgeschichten. Ich habe sie nun mehrere Male gelesen und könnte mich immer wieder totlachen. Ich hätte so gerne die Gesichter der Eltern gesehen! Lass mich raten: Lisas 18. Geburtstag feiert ihr bei dir rein, oder?

DIE KONDOM-FRAGE TINA (16)

Meine Eltern waren an dem Abend bei meiner Tante, und mein Freund wollte in etwa einer Stunde zu mir kommen. Ich habe vorher eine

Stunde mit ihm telefoniert, mich aber die ganze Zeit nicht getraut, ihm das zu sagen, was ich eigentlich sagen wollte: Nämlich, dass 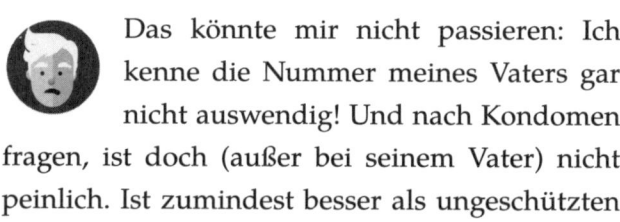 er Kondome mitbringen soll. Als das Telefonat zu Ende war und wir aufgelegt hatten, fasste ich noch einmal allen Mut zusammen, wählte seine Nummer aus dem Kopf, und als ich hörte, dass jemand abnahm, sprach ich sofort ganz schnell los. Ich sagte: „Bring bitte für gleich Kondome mit." Dann legte ich überhastet auf, weil ich mich nicht getraut habe, auf seine Reaktion zu warten. Etwa zehn Sekunden später rief mein Vater an. In dem Moment ahnte ich schon, dass das kein Zufall sein konnte. Ich ging dran, und er erklärte mir mit total ernster Stimme, dass er doch heute bei meiner Tante sei, und ich mir bitte selbst Kondome kaufen solle. Ich hatte in der Aufregung versehentlich die Nummer meines Vaters gewählt! Wie hohl war das denn?

Das könnte mir nicht passieren: Ich kenne die Nummer meines Vaters gar nicht auswendig! Und nach Kondomen fragen, ist doch (außer bei seinem Vater) nicht peinlich. Ist zumindest besser als ungeschützten

Verkehr zu haben. Trotzdem finde ich es irgendwie niedlich von deinem Vater, dass er gar nicht weiter nachfragt, sondern einfach erklärt, dass er nicht behilflich sein kann. :D

IM INTERNET GESUCHT Luca (17)

Ich war mit meinem besten Freund Tim abends in unserer Lieblingsdiskothek feiern. Wir waren gerade in der Black Music-Area, als uns zwei Mädchen antanzten, von denen eine echt süß war. Wir kamen schließlich ins Gespräch, und Tim signalisierte mir, dass er sich sehr für die Hübsche von den beiden interessierte. Doch das Problem war, dass Ramona (so hieß die Hübsche) offenbar eher ein Auge auf mich geworfen hatte. Ich hatte jedoch zu der Zeit eine Freundin und versuchte deshalb, Tim und Ramona zu verkuppeln. Dass das nicht so klappte, merkte ich aber ziemlich schnell – sie ließ mich gar nicht mehr in Ruhe. Am nächsten Tag schickte mir Tim einen Post, den er auf der Facebook-Seite der Diskothek gefunden hatte. Dort schrieb eine gewisse Ramona: „Suche Luca, den süßen Typen, mit dem ich letzte Nacht so heiß geflirtet habe!" Dann beschrieb sie noch detailliert mein Aussehen, fragte, wer mich denn kennen würde und schrieb, dass sie sich sehr in mich verliebt hätte. Mir war das so peinlich, zumal auch meine Freundin die Seite geliked hat und mich abends natürlich mit dem Eintrag konfrontierte.

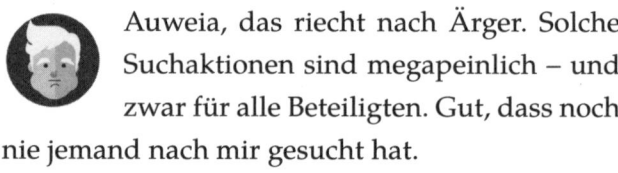 Auweia, das riecht nach Ärger. Solche Suchaktionen sind megapeinlich – und zwar für alle Beteiligten. Gut, dass noch nie jemand nach mir gesucht hat.

DIE BLUTENDE NASE Karsten (18)

Ich war gerade erst ein paar Wochen mit meiner Freundin Chantal zusammen, als wir uns zum ersten Mal bei ihr zuhause trafen. Wir machten es uns in ihrem Zimmer gemütlich und schauten einen romantischen Liebesfilm. Als dieser zu Ende war, knipsten wir das Licht aus, um ein bisschen rumzumachen. Ich lag auf ihr und wir küssten uns, als ich spürte, dass meine Nase anfing zu laufen. Sie lief jedoch so schnell, dass ich gar nicht mehr reagieren konnte. Mir tropfte etwas aus der Nase. Oh Mann, war mir das peinlich, denn es tropfte mitten in Chantals Gesicht! Ich bemerkte, wie sie sich durchs Gesicht wischte. Zeitgleich putzte ich meine Nase mit der Hand ab, schließlich lag weit und breit kein Taschentuch. Wir waren so aufeinander fixiert, dass wir trotzdem weitermachten. Plötzlich lief meine Nase erneut. Ich wunderte mich nun und bat Chantal, das Licht wieder anzuknipsen. Und als das Zimmer wieder hell wurde, bekam ich einen Riesenschreck: Ihr ganzes Gesicht war voll mit Blut. Meine Nase lief nicht, sie blutete! Als sie mich ansah, schrie sie kurz auf, weil auch mein Gesicht blutverschmiert war. Im nächsten Augenblick rannte sie auch schon halbnackt aus dem Zimmer, um ihr Gesicht zu waschen. Ihre Eltern sind sogar von ihrem Schrei aufgewacht und begegneten Chantal auf dem Weg zum Bad. Der Vater kam wütend ins Zimmer. Er dachte wohl, ich hätte sie geschlagen. Nicht nur, dass das Ganze total ekelig war, das darauffolgende Gespräch mit der ganzen Familie war unendlich peinlich, das kannst du mir glauben.

 Geniale Story! Ich hoffe, ihr seid trotz dieser Nacht noch ein Paar. Für die feiern euch sicher noch eure Enkel ab.

5

TOILETTENSTORIES

DAS PISSOIR RONNY (17)

Meine peinliche Geschichte stammt aus meiner Kindheit. Als ich etwa sieben Jahre alt war, und wir bei unserem Onkel zu Besuch waren, hatte er gerade sein Haus renoviert und sich in sein Badezimmer ein Pissoir gebaut. Ich kannte zu dieser Zeit diese Dinger noch nicht und dachte, auch kleine Jungs könnten das benutzen. Um genau zu sein, habe ich sogar gedacht, es wäre eine Art Kindertoilette. Jedenfalls habe ich mich dann einfach draufgesetzt und gemacht. Genau in diesem Moment kam dann mein Onkel rein, weil ich damals die Türen nie verschlossen habe. Ich bin mir ziemlich sicher, er hat seine Entdeckung dann all meinen Verwandten erzählt. Es ist mir heute noch peinlich, wenn wir ihn besuchen, obwohl es schon zehn Jahre her ist!

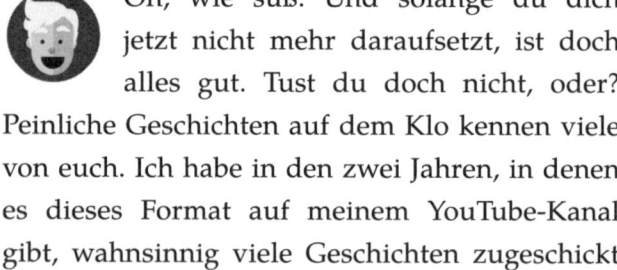 Oh, wie süß. Und solange du dich jetzt nicht mehr daraufsetzt, ist doch alles gut. Tust du doch nicht, oder? Peinliche Geschichten auf dem Klo kennen viele von euch. Ich habe in den zwei Jahren, in denen es dieses Format auf meinem YouTube-Kanal gibt, wahnsinnig viele Geschichten zugeschickt

bekommen, in denen es um den Tatort kleiner und großer Geschäfte geht, um laute und stinkende Gase, um Ferkeleien und die natürliche Notdurft. Ich dachte mir: Wenn euch diese Geschichten so peinlich sind, widmen wir diesen doch ein eigenes Kapitel in diesem Buch. Deshalb meine Empfehlung: Packt für die nächsten Seiten das Essen weg, haltet die Nase zu und die Luft an. Es geht loooos.

PINKELN AUF FRANZÖSISCH Timo (14)

Als ich neun Jahre alt war, war ich mit meinen Eltern in Frankreich campen. Es war mein erster Campingurlaub, und meine Erdkundelehrerin hatte mir vorher erzählt, dass die Franzosen in manchen Orten gar keine Toiletten haben wie wir in Deutschland, sondern nur ein Loch, wo man sich drüber hocken muss. Ich fand das irgendwie unheimlich und ekelig. Zum Glück hatte ich das wieder vergessen und freute mich unbeschwert auf den Urlaub. Bis ich am ersten Abend das dringende Bedürfnis nach einer Toilette verspürte und vor dem Wohnwagen unserer Campingplatznachbarn ein großes Loch entdeckte, über dem ein Topfdeckel lag. Ich ging dort hin und machte hinein. Aber offenbar war ich nicht leise genug: Die Nachbarn bemerkten mich und eilten wütend aus ihrem Wohnwagen. Das Loch war nämlich gar keine Toilette. Sie benutzten es als Kühlschrank. Die Wurst und Butter waren jedenfalls hinüber.

Oh, scheiße, da läuft es mir echt eiskalt den Rücken runter, wie peinlich. Deine Erdkundelehrerin hat dich übrigens nicht angeflunkert: In Frankreich, aber auch in Südeuropa, Indien, China oder auch der Türkei gibt es an öffentlichen Plätzen, wie zum Beispiel Raststätten, sehr häufig sogenannte Hocktoiletten.

DER NOTFALLPATIENT KEVIN (17)

Es ist noch nicht allzu lange her, da war ich wegen eines komplizierten Beinbruchs mehrere Tage im Krankenhaus. Ich musste sehr viele Schmerztabletten nehmen, die wiederum zu ziemlichen Problemen beim Toilettengang führten. Als die Verstopfung immer schlimmer wurde, verpassten mir die Ärzte einen Einlauf.

Die Schwester sagte mir, dass dieser in etwa einer halben Stunde wirke und ich schnell klingeln solle, weil ich zu dem Zeitpunkt noch nicht richtig laufen konnte. Nach etwa zehn Minuten merkte ich bereits, wie es langsam losging. Ich wollte gerade klingeln, da kam ein Arzt rein, der unbedingt mit mir über die anstehende Reha reden wollte. Ich musste schon richtig dringend, doch ich traute mich nicht, ihm von meiner Notlage zu erzählen. Ich habe eingehalten, doch als er ging, klingelte ich sofort.

Nach fünf Minuten kam noch niemand, und ich wusste, wenn ich jetzt nicht gehe, geht es in die Hose. Ich stand in größter Not auf und ging auf das Klo meines Zimmers, was ich eigentlich nicht alleine tun sollte, weil die Operation erst zwei Tage hinter mir lag. Es war so dringend, dass ich es noch nicht einmal geschafft habe, die Tür vom Klo zu schließen. Und dann erwischte mich die Peinlichkeit mit voller Breitseite: Als ich gerade so richtig loslegte, und man richtig gehört hat, wie das Zeug rausgeschossen ist, kam eine Krankenschwester ins Zimmer. Sie fragte, ob ich noch Hilfe benötige. Ich sagte Nein. Das Schlimmste aber war, dass ich es nicht mehr ganz zum Klo geschafft habe. Meine Mutter musste mir letztlich helfen, das Ganze wieder sauber zu bekommen. Das war wohl die peinlichste Geschichte meines Lebens.

Irgendwie denke ich gerade an einen Vulkan, der brodelt und brodelt, bis er gar nicht mehr anders kann als auszubrechen – BÄHM! Okay, echt unappetitlich dieses Bild. Vor allem wenn die eigene Mutter die Lava wegwischen muss. Definitiv peinlich!

DIE HUNDETOILETTE LUKAS (17)

Meine Geschichte hat sich vor etwa einem Jahr ereignet, als ich zum ersten Mal in meinem Leben richtig besoffen war. Ich war auf der Geburtstagsparty eines Kumpels, und als ich um vier Uhr morgens allein nach Hause lief, hatte ich große Probleme, mich auf den Beinen zu halten. Mitten auf dem Heimweg musste ich megadringend aufs Klo. Das Schlimmste aber war, dass ich „groß" musste. Ich hatte gerade erst den halben Weg zu mir nach Hause

HIER IST KEINE HUNDETOILETTE

geschafft, da konnte ich nicht mehr einhalten. Ich ging in einen kleinen Wald (zumindest dachte ich in meinem Suff, dass es einer wäre) und erleichterte mich. Danach lief ich weiter nach Hause und schlief tief und fest meinen Rausch aus. Am nächsten Morgen aber holte mich die Sache wieder ein: Eine Klassenkameradin hatte mir offenbar schon morgens per Facebook geschrieben. Sie schrieb, ihr Vater habe mich dabei beobachtet, wie ich in ihrem Garten mein Geschäft verrichtet hätte, und das obwohl dort ein Schild mit der Aufschrift „Hier ist keine Hundetoilette" angebracht gewesen sei. Ich musste den Mist mit einem Spachtel und einem Eimer noch am selben Tag wegkratzen. So peinlich!

 Dass du in andere Gärten machst, ist ja schon grenzwertig. Aber dass du dich auch noch dem Schild „Hier ist keine Hundetoilette" widersetzt, geht gar nicht. Kennst du etwa nicht Paragraph 1 des deutschen Grundgesetzes: „Der Garten des Menschen ist unantastbar."

DIE BAUMARKT-TOILETTE STEVEN (16)

An den ersten Umzug meines Lebens kann ich mich tatsächlich noch erinnern, obwohl ich damals erst drei Jahre alt war. Vielleicht erinnere mich auch noch so gut daran, weil mir damals etwas sehr Peinliches passierte. Mein Vater ist mit mir und meinem großen Bruder zum Baumarkt gefahren, um Türen und Tapeten für das gerade neu gebaute Haus zu kaufen. Der Aufenthalt dauerte viel zu lange, zumindest wenn ich nach meiner Blase urteilen soll. Ich musste nämlich dringend pinkeln, und seit einigen Wochen trug ich keine Pampas mehr. Ich fragte ständig nach, wann wir denn endlich nach Hause gehen, doch mein Vater antwortete jedes Mal, er müsse noch viel erledigen. Also machte ich mich alleine auf die Suche, um mein Problem aus der Welt zu schaffen. Der Druck auf meiner Blase wurde nämlich immer stärker.

Als ich dann endlich eine Toilette gefunden hatte, entschied ich mich auch gleich Stinki zu machen, da ich ja nicht wusste, wie lange der Einkaufsbummel noch dauert. Mein Bruder, der mich dabei erwischte, holte sofort meinen Vater. Das Klo, auf dem ich saß, war nämlich gar kein normales Klo. Es war nur ein Ausstellungsklo. Mein Vater, und das ist das Schlimmste an der Sache, hat nicht etwa den Verkäufern Bescheid gesagt, sondern ist schnell mit uns nach Hause gefahren. Da ich erst drei Jahre alt und mein Schamgefühl noch nicht besonders ausgeprägt war, wäre alles ja halb so wild gewesen, würde mein Vater die Geschichte nicht immer wieder seinen und meinen Freunden erzählen.

Haha, stark! Dein Papa ist aber auch ein schmerzfreier Typ: Sagt erst nichts und erzählt es dann seinen Freunden?! Hat dich eigentlich nicht gewundert, dass fremde Menschen dir beim Toilettengang zugesehen haben? Okay, du warst drei. In dem Alter wundert es einen ja auch nicht, dass der Osterhase in Millionen von verschiedenen Gärten Eier versteckt hat. Und das in nur einer einzigen Nacht!

DAS FEHLENDE TOILETTENPAPIER LAYLA (15)

Eigentlich meide ich ja die Schultoilette. Mir ist die einfach viel zu unhygienisch. Vor etwa einem

Jahr ging es nicht anders: Ich ging während des Unterrichts auf unsere Schultoilette (Dünnpfiff!). Gerade als ich mich abputzen wollte, stellte ich voller Erschrecken fest, dass kein Klopapier mehr da war. Das Einzige, was ich dabei hatte, war mein Handy. Aus totaler Verzweiflung, weil ich so unmöglich meine Hose anziehen konnte, rief ich meine Mutter an und fragte sie nach Rat. Ich hatte irgendwie gehofft, dass sie einen echt brauchbaren Tipp hat. Stattdessen sagte sie nur kurz, dass sie sich darum kümmern würde.

Etwa zwei Minuten später ertönte eine Durchsage, die nicht nur auf der Schultoilette, sondern auch in jedem Klassenraum zu hören war. Die Durchsage lautete: „Frau Meier, in der Mädchentoilette wird dringend neues Toilettenpapier benötigt!" Ein paar Minuten später brachte unsere Reinigungskraft Frau Meier tatsächlich neues Toilettenpapier, und ich konnte zurück in meinen Klassenraum. Aber jetzt kam erst das Peinlichste: Als ich in den Klassenraum zurückkam, lachten sich alle total kaputt. Denn allen war in dem Moment, als ich reinkam, klar geworden, dass ich diejenige war, die auf der Toilette festgesessen hatte. Kein Wunder, ich war ja mittlerweile fünfzehn Minuten weg gewesen.

 Gute Idee von dir. Gute Idee deiner Mutter. Sehr schlechte Idee der Sekretärin, über Lautsprecher neues Toilettenpapier anzufordern! Das ist echt peinlich, kann ich gut nachvollziehen. Das hätte nur folgende Durchsage getoppt: „In der Mädchentoilette sitzt Layla aus der 7a mit Dünnpfiff fest, weil dort kein Toilettenpapier liegt. Ihre Mutter hat gerade angerufen. Aber, Frau Meier, Vorsicht: Ziehen Sie unbedingt Ihre Gasmaske über. Es stinkt bestialisch!"

DER WACKELKONTAKT Emma (15)

Ich habe letztens bei einer Freundin von mir übernachtet. Gegen halb zwölf meinte sie, dass sie gleich wiederkäme. Ich war davon ausgegangen, dass sie aufs Klo geht, aber um ehrlich zu sein, war ich zu sehr mit meinem Handy beschäftigt, um richtig zuzuhören. Als sie nach zehn Minuten immer noch nicht wieder da war, wollte ich nach dem Rechten sehen und bin zum Badezimmer gegangen. Unter der Tür konnte ich den Lichtschein hindurchsehen. Der Lichtschalter war im Flur außerhalb des Zimmers. Ich dachte mir, dass es ganz witzig wäre, wenn ich ihr, während sie auf dem Klo sitzt, einfach mal das Licht ausschalte. Das habe ich dann getan. Aber nur für ein paar Sekunden. Danach habe ich so getan, als hätte die Glühbirne einen Wackelkontakt – ganz schnell immer wieder an- und ausgeschaltet. Dabei hörte ich plötzlich die Toilettenspülung, und keine Sekunde später flog die Tür auf. Ich wusste gar nicht, wie mir geschah: Zu meinem Schock war das nämlich nicht meine Freundin – sondern ihre Mutter! Sie schaute mich verdattert und irgendwie auch ziemlich wütend an und fragte mich dann, was ich da bitte machen würde. Ich brachte vor Scham kein einziges Wort heraus. In dem Moment kam dann auch meine Freundin hoch, die sich im Keller nur etwas zu trinken geholt hatte. Ich traue mich bis heute nicht, zu ihr zu gehen.

Ich hätte der Mutter gesagt, dass du dich über den Zustand der Lampen informieren wolltest, schließlich ist eine beschädigte Glühbirne eine Gefahr für Leib und Leben... haha, nein, in Wahrheit hätte ich auch kein Wort herausgebracht. Ich schlage dir vor: Besuch deine Freundin sehr bald wieder und bring der Mutter als kleines Gastgeschenk eine Glühbirne mit. Sie wird sicher lachen und den kleinen Streich schnell vergessen.

DER VORGÄNGER JAN (20)

Ich hatte ein paar Wochen zuvor meine Ausbildung in der Buchhaltung begonnen, als uns unser Chef zu einer Weihnachtsfeier zu sich nach Hause einlud. Er servierte fettigen Gänsebraten mit Klößen und Rotkohl. Nach dem Abendessen wollte ich mir eben die Hände waschen. Da das Gästeklo besetzt war, ging ich in den ersten Stock ins Badezimmer. Mir haben fast die Augen getränt, als ich dort hineingekommen bin. Einer meiner Kollegen war wohl vor mir da und hatte es gewaltig dampfen lassen. Ich ging zum Fenster, habe es geöffnet und mir schnell die Hände gewaschen. Der Gestank war wirklich nicht auszuhalten! Als ich die Treppe hinunterging, kam mir mein Chef entgegen. Ich nickte ihm noch freundlich zu und dachte an nichts Böses. Doch als ich wieder am Tisch saß, bekam ich einen enormen Schreck: „Was, wenn er denkt, dass ich das war?" Und tatsächlich: Mein Chef sah mich den gesamten Abend ganz komisch an. Aufklären konnte ich das nicht. Zumindest wäre mir das mindestens genauso unangenehm gewesen.

Das ist echt eine richtig blöde Situation, die auch ich sehr gut kenne. Tja, was macht man da? Keine Ahnung. Vielleicht sagt man einfach zu seinem Boss: „Wenn mein Kot so stinken würde, wie der von dem Typen, der vor mir auf dem Klo war, würde ich nur in einem Atommülllager mein Geschäft verrichten." Blöd wäre nur, wenn der Boss dann sagen würde: „Meine Frau war vor Ihnen auf dem Klo."

DIE SPÜLUNG MARIA (16)

Ich habe vor ein paar Monaten bei meiner besten Freundin übernachtet, als ich abends dringend auf die Toilette musste. Das war vorerst keine große Sache. Als ich jedoch fertig war mit meinem „großen Geschäft" und abspülen wollte, musste ich geschockt feststellen, dass aus der

Spülung nur sehr wenig Wasser herauskam. Das reichte zu meinem Entsetzen nicht aus, um alles herunterzuspülen. Dazu kam dann noch, dass es sich um eine dieser Toiletten handelte, bei denen man nicht zweimal hintereinander spülen kann, da das Wasser erst nachlaufen muss. Da ich schon relativ lange auf dem Klo saß, und meine Freundin sich bestimmt schon fragte, warum ich so lange brauchte, wollte ich einfach später, wenn das Wasser nachgelaufen war, wieder aufs Klo gehen und erneut spülen... ganz dumme Idee! Denn keine zwei Minuten nachdem ich das Badezimmer verlassen hatte, kam ihre Familie nach Hause. Und es kam, wie es kommen musste: Ihre Mutter ging auf die Toilette, noch ehe ich irgendetwas machen konnte. Keine Minute später kam sie ins Zimmer und fragte, wer denn zuletzt auf der Toilette gewesen sei und ob diese Person noch nie was vom Spülen gehört hätte. Ich wurde knallrot und suchte verzweifelt nach einer Ausrede. Ich fand jedoch keine und erklärte mein Malheur, an dem ich selbst ja eigentlich nur bedingt Schuld hatte. Trotzdem kann ich ihrer Mutter seitdem nicht mehr in die Augen schauen. Peinlich!

 Das ist peinlich: Die Mutter deiner Freundin sieht deinen Haufen in ihrem Klo! Hut ab, Maria, Hut ab!

DIE FALSCHE TÜR Lea (15)

Meine Geschichte beginnt mit einem Klischee: Zwei Mädchen gehen zusammen aufs Klo. Meine Freundin und ich mussten uns in der Pause erleichtern und gingen deshalb auf die Schultoilette. Ich war bereits vor ihr fertig. Weil wir uns häufig gegenseitig ärgern oder manchmal Streiche spielen, trommelte ich die ganze Zeit an die Kabinentür, hinter der ich sie vermutete, streckte meinen Fuß unter der Tür hindurch und schimpfte lautstark mit ihr. Als sie nach gefühlten zehn Minuten immer noch nicht herauskam, fing ich an, mit einem Geldstück im Schloss herumzustochern und tat so, als ob ich von außen die Tür aufschließen würde. Auf einmal prustete jemand hinter mir laut los. Ich drehte mich erschrocken um: Hinter mir stand meine Freundin, die längst draußen auf mich gewartet hatte. Ich realisierte erst gar nicht, was los ist, als sich die Tür, an der ich zuvor Radau gemacht hatte, öffnete: Aus der Toilettenkabine kam ein Mädchen aus der Oberstufe. Und die sah ziemlich genervt aus. Megapeinlich!

Großartige Geschichte! Eine ähnliche habe ich von Louisa (16) zugeschickt bekommen: Sie warf sogar eine Klopapierrolle in die Kabine, in der sie ihre Freundin vermutete. Als dies nicht zu der gewünschten Reaktion führte, kletterte sie auf ihre Toilettenbrille, um in die benachbarte Kabine zu schauen und die Freundin auf diese Weise zu erschrecken. Als sie aber hinüberlugte, traf sie der Schlag: Dort saß eben nicht ihre Freundin, sondern ihre Französischlehrerin. Ich sag' mal so: Da ist die Oberstufentante noch das kleinere Problem... :D

6

VERWECHSLUNGEN UND ANDERE MISSVERSTÄNDNISSE

Die Gartenparty Timo (17)

Vor zwei Jahren lernte ich bei einer Gartenparty bei uns zuhause Jule kennen, die Tochter von Bekannten meiner Eltern. Nachdem wir uns eine Weile unterhalten hatten, fragte sie mich, ob ich mit ihr auf mein Zimmer gehen wolle. Sie sagte, wir könnten dort viel besser chillen und in Ruhe quatschen, wenn wir auf dem Sofa lägen als hier unten auf den harten Bierbänken zu sitzen. Ich sagte Ja, und wir stiefelten hinein ins Haus, die Treppe zu meinem Zimmer hinauf und chillten.

Wir redeten über Zeltlager, unsere Lieblingsserien und Alkohol. Ich erzählte ihr von meinem ersten Absturz. Ich wollte besonders cool sein, weil Jule zwei Jahre älter war als ich. Sie fragte mich schließlich, ob ich für sie und mich Bier aus dem Garten holen würde. Ich schüttelte den Kopf. Ich traute mich nicht, weil ich ja erst fünfzehn war und meine Eltern das gar nicht gut gefunden hätten. Wir schauten uns danach eine Minute wortlos an. Oh Mann, Jonas, ich sag' dir: Sie hatte wunderschöne blaue Augen und volle Lippen. Ich hatte das Gefühl, dass wir uns gerade ineinander verlieben, als sie mich fragte: „Soll ich's dir besorgen?" Ich war baff über ihr forsches Herangehen. Ich wollte natürlich nichts anbrennen lassen: Ich öffnete also meine Hose und zog meine Boxershorts runter. Jule bekam einen Lachanfall. Ich zuckte zusammen, als wäre ein Stromschlag durch meinen Körper geleitet worden. Sie hatte nämlich das Bier gemeint.

 Warte, wir müssen kurz drei Peinlichkeitssekunden einlegen... 21, 22, 23 ... okay, geschafft. Aber eigentlich kannst du ja sogar froh sein, schließlich hat sie offenbar wegen des Missverständnisses mit dem Bier gelacht und nicht wegen des zu kleinen „Flaschenöffners", den du ihr präsentiert hast.

HEXE, MAMA UND DIE LAMMFELL-EINLAGEN DUSTIN (15)

Vor etwa zwei Jahren passierte mir die peinlichste Geschichte meines Lebens. Ich war mit meiner Mum und meinem Hund Hexe im Schuhgeschäft, um mir neue Sneakers zu kaufen. Ich bin schnell fündig geworden, und meine Mum sagte, sie würde mir die Schuhe schenken. Als wir uns an der Kasse in eine lange Schlange einreihten, streichelte ich mit der rechten Hand Hexe und spielte mit der linken mit meinem Handy herum. Meine Mutter kramte, während wir dort anstanden, in ihrem Portemonnaie herum, und bemerkte, dass ihr zwei Euro fehlten. Sie bat mich ihr auszuhelfen. Weil in diesem Moment mein Hund an den Socken leckte, die vor der Kasse auslagen, sagte ich laut: „Nein, Hexe!" Die Leute schauten mich total schockiert an, weil sie dachten, dies wäre die Antwort auf die Bitte meiner Mutter gewesen. Ich lief knallrot an. Aber damit nicht genug: Nachdem ich ihr das Geld gegeben und vor lauter Scham mich wieder meinem Handy und meinem Hund zugewandt hatte, spürte ich erneut, wie die Leute mich komisch anguckten. Mir war nach der Aktion nämlich nicht aufgefallen, dass in einem Regal, neben dem Hexe stand, Schuheinlagen aus Lammfell zur Ausstellung standen. Eine davon hatte ich etwa eine Minute lang gestreichelt. Und das nur, weil ich nicht zu Hexe, sondern auf mein Handy geguckt hatte.

Wieso hat eigentlich noch keiner eine Hundestreichel-App erfunden? Das würde vieles erleichtern und derart peinliche Verwechslungen verhindern. Aber sieh es positiv: Die Lammfell-Einlage hatte vorher immerhin niemand mit Schweißfüßen benutzt...

FALSCHE SMS Rick (17)

Ich war letztens in einem Sprachcamp, wo ich Englisch lernen sollte. Ich hätte meine Ferien lieber anders verbracht, aber meine Eltern hatten mich dort hingeschickt. Jedenfalls gab es weder WLAN, noch hatte ich im Ausland Internet. Ich konnte also kein WhatsApp benutzen, sondern musste die ganze Zeit SMS schreiben. Nicht so geil, aber was soll's. Jedenfalls habe ich gleich in der ersten Nacht einen richtig kranken Traum gehabt, in dem ich mit einer echt hübschen Mitschülerin aus dem Camp Sex hatte. Das war so ein verrückter Traum, dass ich das große Bedürfnis hatte, davon meinem besten Kumpel Daniel zu erzählen. Ich schrieb ihm also eine SMS. Was ist jetzt so peinlich, fragst du dich? Ganz einfach. Ich habe die SMS gar nicht an meinen Kumpel Daniel, sondern an unseren Chemielehrer Daniel Hoffmann gesendet. Er war ebenfalls als Daniel in meinen Kontakten abgespeichert. Er hatte uns seine Nummer mal bei einer Klassenfahrt gegeben, falls wir bei einem Ausflug verlorengingen. Und da ich sonst nie SMS schreibe, ist mir das in dem Moment nicht aufgefallen. Als ich in der nächsten Woche dann in der Schule Chemieunterricht hatte, fragte mich mein Lehrer, was ich denn vergangene Nacht Schönes geträumt hätte. Er grinste, verriet mich aber nicht vor der Klasse.

 Ach du liebe Güte, SMS ist aber auch wirklich von gestern. Und dass Lehrer ihre Nummern rausrücken, ist definitiv riskant. Mein Kumpel Luki zum Beispiel (er wird hier auch noch eine spannende Story zu erzählen haben), macht dauernd Telefonverarschen bei seinen Lehrern. Die Armen haben tatsächlich den verhängnisvollen Fehler begangen und ihm ihre Nummer anvertraut... #BadDecision :D

DIE DAVONLAUFENDEN ELTERN BENNY (18)

Als ich zwölf Jahre alt war, sind wir mit der Familie verreist. Ich schwamm gerade im Meer, als ich von weitem verschwommen erkannte, wie plötzlich meine Familie am Strand alles zusammenpackte und ging. Verschwommen nur deshalb, da ich meine Brille am Strand nie dabei habe und ohne Brille leider nur sehr, sehr schlecht sehe. Jedenfalls rannte ich aus dem Wasser, blieb aber ein bisschen auf Distanz. Ich fand es mit zwölf Jahren ziemlich uncool, ihnen so dicht auf den Fersen zu bleiben.

Der Weg zum Parkplatz war ganz schön lang. Nach etwa zehn Minuten erreichten meine Eltern unseren Mietwagen, und ich wunderte mich dort schon total, wieso er an diesem Tag so hell und groß wirkte, weil wir eigentlich einen kleinen dunkelblauen VW hatten. Jedenfalls rannte ich dann hinterher, weil meine Eltern schon im Wagen saßen, und setzte mich voller Sand und noch total nass vom Meer hinten ins Auto. Plötzlich fing eine Frau im Wagen an zu schreien und irgendwas auf Englisch zu sagen – und erst in dem Moment bemerkte ich, dass dies gar nicht meine Eltern waren, sondern irgendwelche anderen Leute, die einfach die gleichen Badeklamotten wie meine Eltern trugen und eine ähnliche Haarfarbe hatten. Alles, was ich rausbrachte, war „Sorry", und rannte so schnell ich konnte zurück zum Strand, wo meine Eltern noch an genau derselben Stelle lagen wie zu Anfang. Das war wirklich dämlich, aber nach dieser peinlichen Aktion habe ich mir als allererstes Kontaktlinsen gekauft!

Stellt euch das mal vor: Ihr seid im Urlaub, steigt in euer Mietauto ein und plötzlich sitzt auf eurem Rücksitz ein fremder Junge und sifft auch noch die ganze Rückbank voll! Sehr, sehr spooky. Solche „Urlaubsgeschichten" höre ich übrigens viel lieber als ausführliche Berichte über das tolle Wetter, das gute Hotelessen oder das kristallklare Meer. Das ist doch total langweilig. Deshalb, herzlichen Glückwunsch: Du wirst jetzt immer etwas zu erzählen haben.

DER FLIRT, DER KEINER WAR STEFANIE (18)

Neulich besuchte ich mal wieder meine beste Freundin. Wir hingen bei ihr im Zimmer ab und gammelten auf dem Bett herum, als sie kurz zur Toilette gehen wollte. Sie ließ ihre Zimmertür einen Spalt offen und verschwand im Badezimmer. In diesem Moment kam ihr Vater von der Arbeit nach Hause. Ich hörte, wie die Wohnungstür ins

Schloss fiel, da sagte er: „Hey Süße, na wie geht's dir?" Ich wunderte mich über diese merkwürdige Begrüßung, antwortete aber aus Höflichkeit: „Gut, danke. Und Ihnen?" Ihr Vater erwiderte: „Ach, ich säße jetzt lieber an deinem Bett und würde dir gerne über deine Wange streicheln." Mir wurde innerhalb einer Sekunde gefühlte hundert Grad warm. Was sollte ich denn darauf bitte antworten? Flirtete mich der Vater meiner besten Freundin gerade an?? Zum Glück sagte ich nichts, denn erst jetzt bemerkte ich, dass ihr Vater per Handy mit seiner Frau telefonierte, die gerade nach einer Operation im Krankenhaus lag.

Na, da hast du aber auf der langen Leitung gestanden! Aber sei beruhigt: Mir passiert so etwas auch dauernd. Da winkt einer und ich denke, „Hey, winke ich doch zurück". Und dann sehe ich, dass er den Typen hinter mir meinte. Solche Situationen sind echt peinlich.

DER VERSPRECHER CHRISTIANE (17)

Im letzten Schuljahr ist mir etwas Peinliches passiert. Wir hatten Gesellschaftslehre und sprachen über die Entstehung der Menschen. Da ich etwas dazu sagen wollte, meldete ich mich und wurde auch prompt drangenommen. Nur leider fiel mir ausgerechnet jetzt der Begriff Evolutionstheorie nicht mehr ein. Stattdessen sagte ich: Ejakulationstheorie. Alle fingen laut an zu lachen. Mir wurde dann natürlich bewusst, dass ich da wohl etwas verwechselt hatte. Mein Lehrer wurde zunächst sauer, weil er dachte, ich wollte ihn auf den Arm nehmen. Aber als er merkte, dass es ein Versehen war, fing er auch laut an zu lachen. Schließlich riet er mir, dass ich mich zu Hause mal darüber informieren sollte, was Ejakulation bedeutet! Natürlich wusste ich das genau. Du wirst mir sicher glauben: Diesen Versprecher kriege ich jetzt täglich in der Schule aufs Brot geschmiert.

 Du bist immerhin nicht die Erste hier, die sich mit dem Begriff „Ejakulation" zum Gespött macht. Aber trotzdem

würde mich interessieren, was hinter dieser EJAKULATIONS-Theorie steckt. Vielleicht hast du da ja was ganz Neues entdeckt! Dann wird bald in den Geschichtsbüchern nicht mehr nur Darwins Evolutions-Theorie angepriesen, sondern vielleicht auch bald Christianes Ejakulations-Theorie... wer weiß! :D

DAS POPCORN-MISSGESCHICK LISA (16)

Ich war mit einer Freundin neulich im Kino. Wir haben uns eine riesengroße Tüte Popcorn gekauft, die wir uns teilen wollten. Auf unseren Plätzen angekommen, stellten wir die Tüte zwischen unsere Sitze. Dann ging das Licht aus und der Film los. Alles verlief auch total unspektakulär, außer dass ich mich wunderte, warum sich der Mann rechts neben mir andauernd räusperte. Irgendwann flüsterte mir meine Freundin zu, ich solle doch mal mehr Popcorn essen. Die Tüte würde ja gar nicht leerer werden, klagte sie. Und dann bemerkte ich etwas total Peinliches: Ich hatte die ganze Zeit aus der falschen Popcorntüte gegessen. Ich muss so vertieft in den Film gewesen sein, dass ich die ganze Zeit vom Popcorn meines Sitznachbarns futterte, also immer rechts in die Tüte gegriffen habe anstatt links! Als das Licht nach dem Film wieder anging, traf mich der Schlag: Mein Sitznachbar war nicht irgendein Mann, sondern ein Arbeitskollege meines Vaters, der mich sogar erkannte. Was für ein Zufall ist das denn bitte?

 Oh Gott, der arme Mann! Aber ich bin ein großer Fan solcher Missverständnisse, besonders im Kino. Kinos sind sowieso die perfekte Anlaufstelle dafür, dass dir was Peinliches passiert. Ich erinnere mich noch genau daran, wie ich das Getränk eines Mädchens aus meiner Parallelklasse umgetreten habe, als ich an ihrem Sitz vorbeihuschen wollte. Ich wollte so höflich und fair sein und ihr meins geben, aber das wollte sie dann auch nicht mehr, weil es bereits halb leer getrunken war... Kino eben. :D

Die Hunde-Oma John (16)

Mein Rottweiler Rocky hat mich ja schon in viele blöde Situationen gebracht, aber diese ist besonders peinlich. Ich begegnete meiner Oma an diesem Tag in der Innenstadt. Sie wohnt ganz in der Nähe in einem Altenheim. Ich sah sie schon von weitem, wie sie in ihrer weißen Jacke und dem blauen Trolley an den Fensterscheiben der Geschäfte vorbeischlich. Ihre kurzen, grauen Haare hatte sie wegen des Nieselregens mit ihrer Kapuze bedeckt. Mein Hund Rocky hat sie trotzdem sofort erkannt. Vielleicht hat sie aber auch nur auf meinen Satz reagiert: „Schau mal, Rocky, da ist Oma!"

Jonas, du musst wissen: Er liebt meine Oma, weil sie ihm dauernd Leckerchen gibt, wenn wir bei ihr zu Besuch sind. Rocky zog jedenfalls heftig an der Leine. Ich ließ mich von ihm zu ihr zerren, schließlich wollte ich sie überraschen. Als wir hinter ihr standen, ist er sie jedoch, anders als geplant, von hinten angesprungen. Meine Oma hatte natürlich mit diesem Überfall überhaupt nicht gerechnet und fiel durch den Stoß hin. Rocky ist eben ein kräftiger Rottweiler. Als ich Rocky von ihr wegzog und mit ihm schimpfte, richtete sich meine Oma auf. Als sie sich jedoch zu mir umdrehte, traf mich der Schlag: Das war überhaupt nicht meine Oma! Um Himmels Willen! Die alte Dame tat sich bei dem Sturz zwar nicht weh, ihr Essen, das sie sich gerade gekauft hatte, hatte sich nun aber auf dem Kopfsteinpflaster der Einkaufsstraße verteilt. Ich entschuldigte mich bei der Frau und gab ihr fünf Euro für das Essen.

Als wäre diese ganze Aktion nicht schon peinlich genug gewesen, besuche ich ein paar Tage später meine Oma im Altenheim, denn gerade fand für die Senioren ein Bingo-Abend statt. Und jetzt rate mal, Jonas, wer genau neben meiner Oma saß: Richtig, die alte Dame. Sie erzählte daraufhin alles meiner Oma, die sich in dem Moment ebenfalls ein wenig für ihren Enkel schämte.

Das war dir sicherlich eine Lehre fürs Leben! Ich schätze, seitdem lässt du Rocky niemanden mehr anspringen. Du weißt ja jetzt, was passieren kann. Oh Gott, die arme Oma, die plötzlich aus heiterem Himmel von einem Rottweiler angesprungen wird...

HÄNDCHENHALTEN MIT TÜCKEN LARISSA (15)

Diese Geschichte liegt schon viele Jahre zurück, es wäre mir aber auch heute noch peinlich. Als ich sieben Jahre alt war, ging ich mit meiner Mutter in der Stadt einkaufen. Wir liefen Hand in Hand in der Fußgängerzone zum Laden. Vor uns lief ein altes Ehepaar, das sich nur sehr langsam fortbewegte. Meine Mama und ich überholten sie. Ich lief links an ihnen vorbei, meine Mutter rechts. In dem Moment erblickte ich vor einem Geschäft einen Clown, der kostenlose Eiscreme verteilte. Ich war wie hypnotisiert und starrte den Clown fasziniert an. Ich wollte nur noch dieses Eis haben.

Ich ergriff also wieder die Hand meiner Mutter und fragte, ob ich ein Eis haben könnte. Da hörte ich neben mir eine fremde Stimme sagen: „Naja Kleine, da musst du mal deine Mami fragen!" Die Hand, die ich ergriffen hatte, gehörte nämlich gar nicht meiner Mutter, sondern der alten Frau. Ich hatte gar nicht mitbekommen, dass sie schon wieder neben uns waren. Sie schaute mich an und grinste breit. Ich hingegen habe mich total erschrocken und rannte schreiend vor ihr weg. Mir ist das heute noch peinlich.

Kostenlose Eiscreme würde mich selbst jetzt noch hypnotisieren! Von daher, liebe Larissa: vollstes Verständnis von meiner Seite! Peinlich muss dir das heute nicht mehr sein, es sei denn, du läufst immer noch mit deiner Mama Hand in Hand durch die Stadt. :D

DAS ABGELECKTE OHRLÄPPCHEN Nils (17)

Ich habe seit zwei Jahren eine feste Freundin. Manchmal schleppt sie mich mit zum Shoppen, was mich zwar tierisch nervt, aber dafür darf ich auch fast immer Fußball gucken, ohne dass sie herumnörgelt. Naja, jedenfalls hat sich die Geschichte vor etwa einem halben Jahr ereignet. Ich war mit meiner Freundin in einem Klamottenladen und beschäftigte mich mit meinem Handy, während sie durch die Klamotten stöberte. Als mir dann aber doch langweilig wurde, schaute ich mich nach ihr um. Sie wühlte gerade mit dem Rücken zu mir und etwa fünf Meter entfernt nach einem Kleid. Ich ging also zu ihr hin und wollte sie an den Ohrläppchen streicheln. Das ist so eine persönliche Zärtlichkeit zwischen uns. Ich dachte mir aber, dass ich mal besonders lustig bin und leckte ihr über das Ohrläppchen (okay, das klingt jetzt krank!). Plötzlich drehte sich das Mädchen, von dem ich dachte, dass es meine Freundin wäre, um und starrte mich schockiert und angewidert an. Wir schauten uns wie eingefroren für mehrere Sekunden an. Zu allem Überfluss kam dann auch noch meine echte Freundin zu mir und fragte mich wütend, was ich da machen würde. Mittlerweile schaute das ganze Geschäft zu mir! Ich wäre in diesem Moment am liebsten in einem großen Loch verschwunden – ehrlich. So langsam kann ich aber drüber lachen!

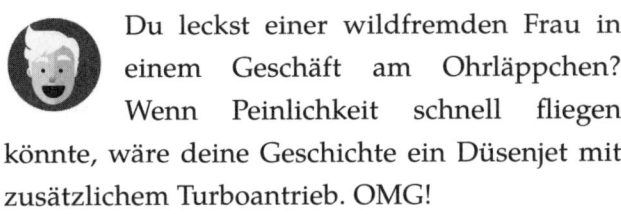 Du leckst einer wildfremden Frau in einem Geschäft am Ohrläppchen? Wenn Peinlichkeit schnell fliegen könnte, wäre deine Geschichte ein Düsenjet mit zusätzlichem Turboantrieb. OMG!

DIE ARSCHBOMBE FLORIAN (16)

Vorab musst du wissen: Ich trage eine Brille mit hoher Sehstärke, Kontaktlinsen vertrage ich aus irgendeinem Grund leider nicht. Als ich letzte

Woche mit einigen Kumpels im Freibad war, zog ich die Brille aus. Wir gingen aufs Fünf-Meter-Brett. Ich mag den Nervenkitzel sehr gerne. Oben angekommen sagte einer meiner Kumpels: „Florian, traust du dich, eine Arschbombe zu machen?" – „Na, klar", sagte ich. „Traust du dich auch, Sven aus der Parallelklasse zu dissen? Er schwimmt dort unten, und wenn du jetzt springst, jagst du ihm sicher einen Riesenschreck ein." Ich überlegte kurz. Dann schaute ich hinunter und erblickte Sven – zumindest glaubte ich, dass er es wäre. Ich sprang hinunter und ich kann dir sagen: Es spritzte gewaltig, ein krasser Knall. Als ich wieder auftauchte und den vermeintlichen Sven neben mir heulen sah, wäre ich am liebsten wieder abgetaucht: Wie ich jetzt aus nächster Nähe erkannte, war das gar nicht Sven, sondern der Sohn unseres Mathelehrers. Mein Mathelehrer stand auch direkt am Beckenrand und schimpfte wie ein Rohrspatz. Meine Kumpels standen noch immer oben auf dem Fünf-Meter-Brett und lachten sich kaputt. Sie hatten mich reingelegt.

 Das ist ja gemein. Mir passiert das auch dauernd, dass ich Leute verwechsle. Ich spreche die an, sehe sie dann erst von vorne – und merke erst in diesem Moment, dass die ganz anders aussehen.

DOCH NICHT SCHWANGER ANNA (16)

An einem sehr heißen Tag beschloss ich joggen zu gehen. Ich bin nicht besonders fit, von daher schaffe ich normalerweise so fünf Kilometer. Das passt auch gut, weil ich so genau eine Runde laufe und am Ende wieder zuhause ankomme. Diesmal bin ich allerdings wegen der Hitze schon nach gut zwei Kilometern völlig erschöpft gewesen. Und ich war noch so weit weg von zuhause! Nach einer kurzen Pause kam ich auf die glorreiche Idee, mit dem Bus zurück nach Hause zu fahren. Dummerweise war der Bus bis auf einen Sitzplatz komplett gefüllt. Ich setzte mich daher neben eine ältere Dame auf den einzigen freien Platz. Diese sah mich von der ersten Sekunde an blöd von der Seite an. Ich dachte, sie wunderte sich darüber, dass ich nass geschwitzt war. Oder dass ich vielleicht nicht so gut roch. Doch das war es nicht.

Plötzlich raunte sie mich an: „Dieser Platz ist nur für Behinderte, Senioren und Schwangere!" Da aber kein anderer Platz mehr frei war, und auch keine anderen Schwangeren oder Senioren meinen Platz brauchten (und weil ich echt fertig war), sagte ich einfach, dass ich schwanger sei. „Waaas?", hörte ich eine erschreckte Stimme hinter mir sagen. Ich erkannte die Stimme sofort, aber konnte es kaum glauben: Es war meine Mutter, die gleich einen ganzen Schreianfall bekam und in maximaler Lautstärke fragte, wie das passieren konnte und von wem ich schwanger sei. Es dauerte eine ganze Weile, bis ich ihr alles erklärt hatte und sie mir glaubte. Der ganze Bus hörte uns dabei zu, die Leute tuschelten und kicherten, und zu allem Überfluss saß auch noch mein Deutschlehrer im Bus. Wie ich erst Wochen später erfuhr, war meine „Schwangerschaft" tagelang Gesprächsthema im Lehrerzimmer...

Ich will sofort eine Zeitmaschine erfinden und mich in diesen Bus zurückbeamen. Das Spektakel hätte ich gerne mitbekommen. Der Blick der älteren Dame neben dir muss grandios gewesen sein. Noch lustiger finde ich aber die Tatsache, dass deine Mutter dich einfach erst in dem Moment anspricht, als sie erfährt, dass du schwanger bist. Warst du ihr etwa vorher zu peinlich? :D

DIE FALSCHE JUNGFRAU GRETA (17)

Neulich war ich mit meiner Hockeymannschaft Pizza essen. Mit zwei aus der Mannschaft bin ich gut befreundet, die anderen Mädchen kenne ich nur vom Sport. Wir redeten über alles Mögliche, aber auch viel über Jungs. Wie dem auch sei: Irgendwann musste ich auf die Toilette. Als ich zurück an den Tisch kam, hörte ich, wie meine Freundin sagte: „Ich bin Jungfrau." Ein anderes Mädchen erwiderte: „Ach, echt, ich auch." Ich fand es mutig, dass die beiden so offen über dieses Thema redeten und wollte mit meinen eigenen Erfahrungen nicht hinterm Berg halten. Ich sagte also: „Ich bin es auch." Darauf sagte meine Freundin Sophie: „Hast du nicht im Februar Geburtstag?" Ich schaute sie irritiert an, als plötzlich alle in Lachen ausbrachen. Die Mädels hatten zuvor nämlich nicht über ihr noch ausstehendes erstes Mal gesprochen, sondern über ihr Sternzeichen. Ich wäre am liebsten im

Erdboden versunken. In den Monaten danach fragten mich die Mädels bei jedem Training, ob ich denn immer noch Jungfrau sei.

Oha, gut dass mir das nicht passieren kann. Mein Sternzeichen ist nämlich Steinbock. Aber gräm dich nicht: Je länger du damit wartest, desto mehr wirst du dein erstes Mal genießen können.

DER RESTPOSTEN BETTINA (15)

Ich war kürzlich mit meiner besten Freundin shoppen. Der Laden, in den wir am liebsten gehen, ist sehr unordentlich. Die Klamotten liegen teils an Stellen, wo sie gar nicht hingehören. An diesem besagten Tag haben wir uns erst viele Sachen zusammengesucht und waren gerade auf dem Weg zur Umkleide, als ich an einem Wühltisch vorbeikam. Dort lagen viele T-Shirts und Pullis und obendrauf eine Weste, die echt geil aussah. Ich habe sie einfach mit in die Umkleide genommen. Was mir aber erst in der Umkleide auffiel: Es hing gar kein Preisschild an ihr. Ich nahm die Weste trotzdem mit zur Kasse und fragte dort nach, wie viel sie denn koste. Die Kassiererin hat zuerst in ihrem Computer nachgeschaut und behauptet, sie wäre aus der alten Kollektion. Dann rief sie über die Lautsprecher nach einer Kollegin. Es dauerte ewig, bis die endlich kam – und auch sie wusste den Preis nicht. Mittlerweile war eine Riesenschlange hinter mir entstanden. Die beiden entschuldigten sich und verschwanden dann zusammen im Lager. Nach einer gefühlten Ewigkeit kam die Kassiererin endlich mit der Weste zurück und sagte, sie würde 14,99 Euro kosten. Doch hinter mir stand auf einmal ein etwas jüngeres Mädchen, das mich fragte, woher ich diese Weste hätte, sie würde nämlich eine vermissen. Es stellte sich heraus, dass sie die Weste dort nur kurz abgelegt hatte, um ein anderes Teil anzuprobieren. Jeder aus der mittlerweile extrem langen Schlange hinter mir hatte nun mitbekommen, dass ich sie dem jüngeren Mädchen „geklaut" hatte.

Na, da bist du ja an eine schlitzohrige Verkäuferin geraten: Die hätte dir doch glatt die Weste verkauft! Ihr sollte die Geschichte noch peinlicher sein als dir. Ohne Worte!

147

SEX MIT FALSCHEM FREUND Tine (20)

Ich war im letzten Jahr auf einer Halloween-Party mit meinem Freund Sascha. Sein Kumpel Moritz hat die Feier im Partykeller seines Elternhauses veranstaltet. Es waren sechzig Leute da – alle echt gruselig geschminkt und als Hexen, Untote, Vampire und Monster verkleidet. Um alles noch gruseliger zu machen, dämmte Moritz das Licht und versprühte Trockeneis, was dann so aussah, als sei der Partykeller voll mit Nebel. Echt spooky! Nach den ersten vier Cocktails (natürlich Bloody Marys) überkam mich die Lust. Ich packte mir meinen Freund, der als Monster verkleidet war, und zerrte ihn in einen Raum neben dem Partykeller, den Moritz' Eltern als Abstellkammer nutzten. Das Licht ließen wir aus, er nahm seine Maske ab und wir küssten uns im Dunkeln. Was mich überraschte: Er küsste anders als sonst, aber es war richtig geil. Als die Stimmung richtig aufgeheizt war, schliefen wir miteinander. Es muss echt an den Cocktails gelegen haben, aber irgendwann (sehr spät!) merkte ich, dass das Monster, das ich für meinen Freund hielt, gar nicht mein Freund war! Der Typ hatte einfach nur dasselbe Kostüm an wie mein Freund (zumindest sah es im Nebel so aus). Als wir wieder herauskamen, hatte Sascha mich schon überall gesucht. Er war stinksauer. Ich kann ihn gut verstehen, denn meine Erklärung wirkte echt wie ausgedacht.

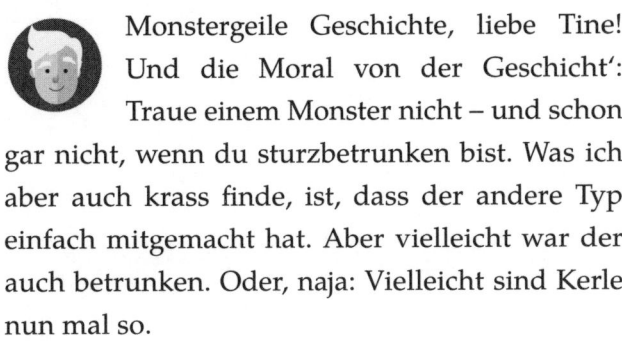 Monstergeile Geschichte, liebe Tine! Und die Moral von der Geschicht': Traue einem Monster nicht – und schon gar nicht, wenn du sturzbetrunken bist. Was ich aber auch krass finde, ist, dass der andere Typ einfach mitgemacht hat. Aber vielleicht war der auch betrunken. Oder, naja: Vielleicht sind Kerle nun mal so.

7

PEINLICH, PEINLICHER, DIE EIGENE FAMILIE

PANIK AUF DEM FÜNF-METER-BRETT Sarah (14)

Meine Mutter, meine elfjährige Schwester Clara und ich waren neulich gemeinsam im Schwimmbad. Vorab muss ich sagen: Clara hat wirklich nur Unsinn im Kopf und zudem eine große Klappe. Sie denkt, sie wäre in allem besser als ich. An diesem Tag wollte ich ihr beweisen, dass ich die große Schwester bin, die viel mutiger und cooler ist als sie. „Ich springe jetzt vom Drei-Meter-Brett", sagte ich besonders lässig zu Clara. Ich wartete auf ihren beeindruckten Gesichtsausdruck, doch was antwortete die kleine Göre: „Nur von drei Metern? Ich gehe gleich aufs Fünf-Meter-Brett!" Na, super. Da hatte ich den Salat. Mir blieb nichts anderes übrig, als zu sagen: „Ach, echt, hat das auch geöffnet? Natürlich gehe ich dann mit."

Ich hatte verdammt große Angst, als wir die Stufen hinaufstiegen. Noch nie zuvor war ich von dort oben gesprungen, aber würde ich jetzt zurückziehen, wäre meine kleine Schwester in ihrer Überheblichkeit mir gegenüber nicht mehr zu stoppen. „Du zuerst", sagte Clara. Ich ging an den vorderen Rand des Brettes, schaute hinunter – und sah zwei meiner Mitschüler im Becken schwimmen, die mir nun auch noch zuwinkten. Meine Knie fingen an zu zittern, das Adrenalin schoss mir bis in den Kopf und hinter mir warteten bereits zwei Jungs darauf, dass sie endlich an der Reihe waren. Die Angst übermannte mich: Tränen schossen mir in die Augen. Jetzt konnte ich nicht mehr zurückschauen, sonst hätte Clara die Panik in meinen Augen gesehen. Den Triumph durfte ich ihr nicht gönnen. Ich nahm allen Mut zusammen und bemerkte nicht, dass Clara direkt hinter mir stand. Genau in dem Moment, in dem ich sprang, öffnete sie mein Bikinioberteil. Oben ohne plumpste ich ins Wasser, der Bikini folgte eine Sekunde später. Die Jungs lachten, Clara zeigte mir von oben die lange Nase. Und ich wäre am liebsten für eine lange Zeit abgetaucht.

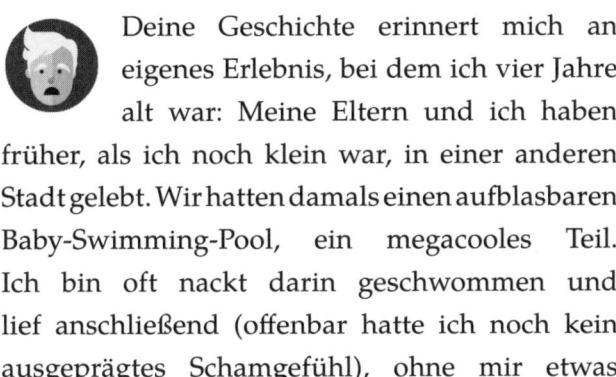 Deine Geschichte erinnert mich an eigenes Erlebnis, bei dem ich vier Jahre alt war: Meine Eltern und ich haben früher, als ich noch klein war, in einer anderen Stadt gelebt. Wir hatten damals einen aufblasbaren Baby-Swimming-Pool, ein megacooles Teil. Ich bin oft nackt darin geschwommen und lief anschließend (offenbar hatte ich noch kein ausgeprägtes Schamgefühl), ohne mir etwas

anzuziehen, zu einem öffentlichen Spielplatz, der nur wenige Meter von unserem Grundstück entfernt war. Ich habe schlicht vergessen, dass ich nackt war. Aber die Leute kenne ich zum Glück nicht mehr. Wobei, vielleicht kennen die Leute mich ja noch. Und jetzt erkennen sich mich durch dieses Buch wieder. Oh, peinlich.

DIE VIDEOKASSETTE PINA (16)

Meine beste Freundin Sarah und ich sind zusammen in der Film-AG unserer Schule. Für ein Filmprojekt brauchten wir alte Videokassetten, weil wir mit so einer coolen Retrokamera aus dem letzten Jahrhundert filmen wollten. Sarahs Eltern hatten noch solche Kassetten auf dem Dachboden. Wir trafen uns also an einem Samstagnachmittag, um zu überprüfen, welche der Kassetten schon bespielt waren und welche wir für unser Projekt noch nutzen konnten. Auf den meisten standen Dinge wie „Sarahs Einschulung", „Weihnachten 2001" oder „Mallorca '89". Eine der vielen Kassetten war jedoch nur mit einem Datum beschriftet. Wir dachten uns nichts dabei und schoben sie in den Videorekorder. Und dann wurde es schrecklich peinlich: Es war ein Porno. Aber es war nicht irgendein Porno. Die zwei Menschen, die in dem Video miteinander Sex hatten, waren Sarahs Eltern. Für sie und für mich war das sooo peinlich. Ich konnte Sarahs Eltern seitdem nicht mehr in die Augen schauen, ohne an diese Filmszenen zu denken.

Auf einer Peinlichkeitsskala von eins bis zehn ist das, nun ja, eine elf. Stellt euch mal vor, die Eltern kriegen das im Nachhinein noch heraus?! Ich bin froh, dass wir nicht solch alte Kassetten haben. Und, Mama, Papa, falls ihr das hier lest, bitte keine Pornos auf SD-Karten speichern, die bei uns im Wohnzimmer rumliegen. Danke!

Der geöffnete Bademantel Yvonne (18)

Vor zwei Jahren haben mein Freund Jan und ich das erste Mal bei mir übernachtet. Jan musste jedoch auf der Wohnzimmercouch schlafen, weil mein Bett für zwei Personen einfach nicht groß genug ist (achtzig Zentimeter!). Als ich aufwachte, bin ich deshalb sofort zu Jan ins Wohnzimmer gerannt, um mit ihm zu kuscheln. Ein paar Minuten später hörte ich Schritte aus dem Schlafzimmer meiner Eltern. Mein Vater war wohl aufgewacht. Er ging nun die Treppe hinunter. An manchen Tagen setzt er sich morgens an den Küchentisch, um zu frühstücken, an anderen geht er zuvor noch ins Wohnzimmer. Ich betete, dass er in die Küche gehen würde und daran dachte, dass Jan und ich uns im Wohnzimmer aufhielten.

Doch es kam, wie es kommen musste: Mein Dad hat nämlich eine komische Angewohnheit. Er zieht sich morgens immer nur einen Bademantel drüber, den er vorne nicht mal zumacht. Er kam also tatsächlich ins Wohnzimmer, sah uns und blieb im Türrahmen wie angewurzelt stehen. Jan und ich bekamen erst einmal freie Sicht auf sein Anhängsel. Wir schauten uns alle peinlich berührt für gefühlte Jahre an, dann entschuldigte er sich schnell und ging raus. Ich weiß echt nicht, für wen von uns diese Geschichte am peinlichsten war. Aber es übertrifft alles, was ich je erlebt habe!

Dein Vater geht also mit geöffnetem Bademantel und ohne Unterhose darunter durchs Haus... das ist mal eine Ansage! Eltern können ja so peinlich sein!

SUMO-RINGEN STEFAN (16)

Jonas, bester YouTuber! Ich habe mir vor einiger Zeit mal dein Video mit der „Sumo Yoga Challenge" angesehen, als mein Vater ins Zimmer kam. Tja, jeder der die Folge kennt, weiß, dass du in ein aufgeblasenes Sumo-Kostüm schlüpfst und so zusammen mit deinem Kumpel Moritz Yoga-Übungen nachstellst. Das macht ihr natürlich nicht geräuschlos, sondern gebt jede Menge „komische Laute" von euch. Wichtig ist zu wissen: Sobald meine Eltern reinkommen, drücke ich bei Videos grundsätzlich auf Pause. Ich gehe schließlich davon aus, dass sie mir irgendetwas sagen wollen und fände es unhöflich, einfach weiterzuschauen. So tat ich es auch an diesem Tag. Jedenfalls hat mein Vater nur den Ton von dem Video gehört, bevor ich auf Pause gedrückt habe und fragte mich, was ich denn da schaue. Ich antwortete wahrheitsgemäß: „YouTube." Woraufhin er bloß ungläubig sagte: „Ja, ja." Er ging offenbar davon aus, dass ich mir gerade einen Porno angeschaut habe. Ich sagte deshalb, während ich ihm meinen Laptop entgegenstreckte: „Du kannst ja schauen. Hier ist das Video!" Er erwiderte nur: „Es hat doch jeder ein zweites Fenster offen!" Ich dachte mir nur: WTF?! Mein Vater drehte sich kopfschüttelnd um und verließ den Raum. Ich bekomme ihn bis heute nicht davon überzeugt, dass das damals kein Porno war!

Ich halte also für dich als Ausrede für deinen Pornokonsum her? Okay, ich glaube dir, aber nur weil du rumgeschleimt hast (bester YouTuber und so!). Aber mal ehrlich – das erinnert mich so sehr an die unangenehme Situation, wenn man mit den Eltern zusammen einen Film schaut, und dann irgendeine Liebes- oder Sexszene kommt, und man einfach nur den Kopf in den Sand stecken will, um nichts mehr mitzubekommen... kennt ihr das? :D

DER STÖRENDE OPA Sophie (17)

Meine Geschichte handelt von meinem ersten Mal. Obwohl ich mit meinem Freund Julius schon einige Monate zusammen war, hatten wir noch nicht miteinander geschlafen. Als seine Eltern für eine Woche in den Urlaub fuhren, schien für uns der perfekte Zeitpunkt gekommen.

Julius gab sich große Mühe: Er stellte Kerzen auf, legte romantische Musik ein, kaufte eine Flasche Sekt. Wir machten es uns gemütlich... aber ich will mich hier nicht zu sehr in Details verlieren. ;) Jedenfalls waren wir irgendwann bei der Sache. Nach etwa zwei Minuten passierte dann jedoch das, was mir mein erstes Mal wohl in ewiger Erinnerung bleiben lässt. Es klopfte an der Tür. „Wie? Was? Wer?", dachten wir uns nur geschockt, es sollte außer uns ja keiner im Haus sein! Drei Sekunden, mehr Zeit blieb uns nicht, dann wurde die Tür geöffnet und Julius' Opa steckte den Kopf in die Tür. Er schaute uns an, als würde er nicht ganz begreifen, was wir da taten. Er sagte dann nur: „Ach, ihr seid es!" Anstatt dann aber zu gehen, kam er noch weiter ins Zimmer hinein und fragte, ob alles klar sei und ob sein Enkel schon zu Mittag gegessen habe. Wir lagen dabei immer noch splitternackt nebeneinander, vor Peinlichkeit rot wie Tomaten! Wahrscheinlich war seinem Opa das selbst unangenehm, und er hat deshalb einfach weitergeredet. Die Situation endete damit, dass mein Freund schnell eine Decke über uns geworfen und seinen Opa gebeten hat, draußen auf uns zu warten.

 Sei froh, dass er sich nicht noch neben euch gesetzt und mit euch über Gott und Welt gesprochen hat. Das ist nämlich genau so einem Bekannten von mir passiert. Die Mutter seiner Freundin kam unangemeldet ins Zimmer hinein, setzte sich an den Schreibtisch und drängte den beiden ein ganzes Gespräch auf. Ein spezieller Fall von „coitus interruptus"!

Der Taschenrechner Jörn (20)

In der neunten Klasse habe ich eine Mathearbeit geschrieben. Meine Mutter wusste natürlich davon, schließlich hatte sie mit mir wochenlang dafür geübt. Am Morgen der Arbeit hatte ich wie so oft getrödelt. Viel zu spät rannte ich aus dem Haus, um den Bus zu kriegen. Als meine Mutter ein paar Minuten später ins Wohnzimmer lief, sah sie etwas, wovon sie glaubte, dass ich  es eigentlich in meinem Rucksack haben sollte: den Taschenrechner. Ich brauchte tatsächlich einen Taschenrechner für die Klausur. Ohne diesen würde ich die Arbeit nicht mitschreiben können. Ohne zu zögern, nahm sie das schwarze Gerät und setzte sich ins Auto. Als sie an meinem Klassenzimmer ankam, teilte der Lehrer gerade die Klausurbögen aus. Meine Mutter ging in den Klassenraum hinein, blickte böse zu mir und sagte: „Hast du vielleicht was vergessen?" Ich, der seine Mutter lieber nicht in der Schule vor seinen Kumpels gesehen hätte, antwortete verlegen: „Nein. Was soll ich vergessen haben?" Die Klasse war nun mucksmäuschenstill. Alle wollten wissen, was er vergessen hatte. Meine Mutter holte also den Taschenrechner hervor und legte mir diesen auf den Tisch. Ich lief feuerrot an und sagte halb ungläubig, halb wütend: „Mama, das ist unsere Fernbedienung!" Diese Geschichte hörte ich von meinen Klassenkameraden noch bis zum Abiball. Mir war das so peinlich.

Ist nicht wahr! Deine Mutter hat den Taschenrechner mit der Fernbedienung verwechselt? Das erinnert mich an eine Geschichte, die vor einiger Zeit in Bremen passierte. Da schrieb ein 16-Jähriger, der gerade mit seinen Freunden im Kino war, per SMS an seine

Mutter: „Werde rumgebracht." Die Mutter allerdings las: „Werde umgebracht." Sie alarmierte die Polizei, und die räumte zur Hauptbesucherzeit alle elf Kinosäle. True story! Lieber Jörn, sieh es so: Schlimmer geht's immer.

PEINLICHE MUTTI Lennarts Mutter (43)

Mein Sohn Lennart schaut immer deine Videos. Er bat mich, dir auch meine peinliche Geschichte zu erzählen: Kurz vor Lennarts Geburtstag musste ich noch Geschenke kaufen. Mein Mann, der ein großer Einkaufsmuffel ist, fuhr mich zum Shoppingcenter und wartete im Auto. Beim Einkaufen bekam ich starke Bauchschmerzen. Die Blähungen wurden so schlimm, dass ich das große Bedürfnis hatte, Luft zu lassen. Allerdings war mir das vor fremden Leuten sehr peinlich, und ich spürte, dass es sehr geräuschvoll werden würde. Also bezahlte ich schnell, nahm den Kassenzettel, rannte zum Auto, setzte mich auf den Beifahrersitz und ließ alles raus. Doch ich hatte mich in der Eile ins falsche Auto gesetzt, das nicht nur dasselbe Modell war wie unsers, sondern auch blau mit hellen Sitzen. Ein wildfremder Mann sah mich nun angewidert an. Ich stieg peinlich berührt und wortlos aus und ging zu dem richtigen Auto, das mein Mann in der Zwischenzeit umgeparkt hatte. Als ich einige Stunden später den Zwischenfall verdaut und fast verdrängt hatte, klingelte es an unserer Haustür. Davor stand der Mann, in dessen Auto ich laut gepupst hatte. Ich hatte doch tatsächlich meine Geldbörse in seinem Auto verloren, die er mir nun zurückbrachte. Ich wäre in diesem Moment vor Scham fast im Erdboden versunken.

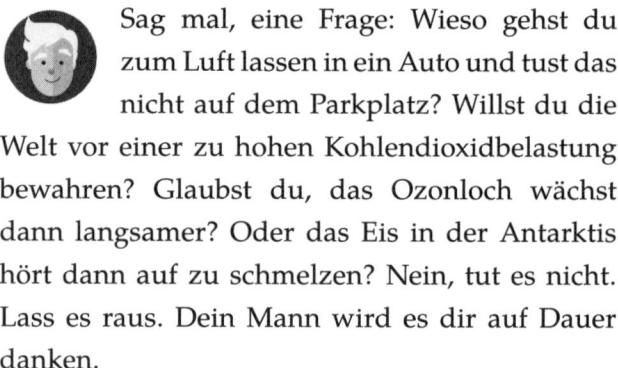 Sag mal, eine Frage: Wieso gehst du zum Luft lassen in ein Auto und tust das nicht auf dem Parkplatz? Willst du die Welt vor einer zu hohen Kohlendioxidbelastung bewahren? Glaubst du, das Ozonloch wächst dann langsamer? Oder das Eis in der Antarktis hört dann auf zu schmelzen? Nein, tut es nicht. Lass es raus. Dein Mann wird es dir auf Dauer danken.

Das gefundene Kondom Torsten (17)

Als ich meine erste Freundin hatte und wir seit fünf Monaten zusammen waren, wollten wir zum ersten Mal miteinander schlafen. Wir planten, es uns richtig gemütlich zu machen. Meine Eltern waren im Skiurlaub, deshalb kam sie zu mir. Da ich allerdings ein kleines, ungemütliches Einzelbett und meine Eltern ein traumhaftes Doppelbett hatten, beschlossen wir, dort die Nacht zu verbringen. Wir taten es, und es war eine wundervolle Erfahrung. So weit, so gut.

Doch eine Woche später, meine Eltern waren gerade erst wieder zuhause, klopfte mein Vater abends an meine Zimmertür und hielt mir ein Kondom vor die Nase – und zwar ein benutztes. Er hatte es unter seinem Bett gefunden und wollte nun wissen, ob es mir gehörte. Er war übrigens stinksauer – auch ohne meine Antwort (wessen Kondom sollte es auch sonst sein). Ich muss doch tatsächlich vergessen haben, es zu entsorgen, ich Idiot! Gerade als er mir eine Predigt halten wollte und die Situation für mich an Peinlichkeit kaum zu überbieten war, rief meine Mutter aus ihrem Schlafzimmer: „Du, Schatz, ich habe die Kondome gefunden. Wir haben sie in die obere Schublade gelegt." Sie hatte den Fund meines Vaters nicht mitbekommen und dachte, ich würde längst schlafen. Er hat sich dann einfach umgedreht und ist gegangen. Wir haben nie wieder über Kondome gesprochen.

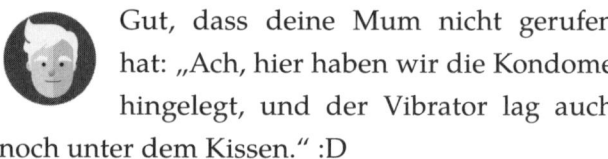 Gut, dass deine Mum nicht gerufen hat: „Ach, hier haben wir die Kondome hingelegt, und der Vibrator lag auch noch unter dem Kissen." :D

DIE GHETTO-OMA Jenny (16)

Neulich hatten wir hitzefrei und deshalb ein bisschen früher Schulschluss. Meine Klasse und ich sind gemeinsam aus dem Klassenraum über den Schulhof und dann zur Bushaltestelle gelaufen. Wir standen gerade an der Haltestelle, als plötzlich ein Auto auf der anderen Straßenseite hupte. Zunächst habe ich gar nicht erkannt, wer in diesem Auto saß. Doch dann schrie eine ältere Dame über die gesamte Straße: „Jenny, musst du nicht zur Schule oder was machst du mit deiner Teenager-Clique hier draußen?" Die Frau, die da hupte, war meine Oma. Sie trug eine Sonnenbrille und eine Rentnerkappe, lehnte sich extra lässig aus dem Fenster ihres Autos und wartete auf eine Antwort. Ich hatte ihr früher schon einmal erklärt, dass sie manchmal uncool ist. Deswegen hat sie sich wohl diesmal extra viel Mühe gegeben. Ich habe ihr mit hochrotem Kopf zugerufen, dass wir früher frei haben. Das hat sie aber nicht gerafft. Ich versuchte ihr dann mit hektischen Bewegungen klar zu machen, dass sie weiterfahren soll. Das hatte sie dann wohl endlich verstanden, denn sie machte den Motor wieder an. Doch als sie gerade weiterfahren wollte, brachte sie die Krönung: Sie zeigte einfach mal ihren Mittelfinger in meine Richtung. Sie dachte wohl, das wäre unter Jugendlichen cool. Seitdem fragen meine Mitschüler fast täglich nach meiner „Ghetto-Oma"...

 Super Story, Jenny! Darauf eine „Ghetto-Faust"!

Letzten Sommer sind meine Eltern mit mir und meinem Kumpel Leroy nach Süd-Frankreich gefahren. Ich war mir schon vor dem Urlaub nicht ganz sicher, ob es das Richtige war, mit meinen Eltern und Leroy gleichzeitig zu verreisen, denn sowohl meine Eltern als auch mein Kumpel Leroy sind ein bisschen bekloppt. Wir waren schon knapp sechzehn Stunden unterwegs, als meine Eltern vorschlugen, eine Pause zu machen. „Wir sind hier an einem ganz besonderen Platz. Hier gibt es viel zu gucken. Das wird euch bestimmt gefallen", sagte mein Vater. Ich dachte, wir würden an einen schönen Strandabschnitt gehen, in eine besondere Eisdiele oder auf einen Abenteuerspielplatz.

Doch es war nichts dergleichen. Wir gingen etwa 300 Meter eine Strandpromenade entlang und liefen dann auf eine kleine Strandbucht zu. Und dann sah ich es – bei der Strandbucht handelte es sich um eine FKK-Bucht. Und was machten jetzt meine Eltern? Sie zogen sich ernsthaft nackt aus. Leroy schaute mich total verängstigt an, weil er offenbar selbst nicht wusste, wie er mit der Situation umgehen sollte.

Wie erstarrte Kaninchen standen wir vor meinen Eltern, die mittlerweile splitternackt waren. Und zu allem Überfluss forderte mich mein Vater dazu auf, mich ebenfalls nackt auszuziehen, weil es doch unhöflich sei, gekleidet an einen FKK-Strand zu gehen. Meine Mutter sah mir schon an, dass ich von der Idee überhaupt nichts hielt, und fügte dann noch motivierend hinzu, es seien dort bestimmt auch, jetzt kommt das Beste, „heiße Schnecken" in meinem Alter. Ich hatte das Gefühl, mich übergeben zu müssen. Mein Kumpel Leroy bekam bei dem Satz meiner Mutter einen totalen Lachanfall.

Während meine Eltern schließlich alleine an den Strand gegangen sind, liefen er und ich wieder zurück zum Auto. Und seit diesem Urlaub ist die Lieblingsgeschichte von Leroy, die er überall immer rumposaunen muss, wie meine Eltern mich mit einem FKK-Strand überraschen wollten.

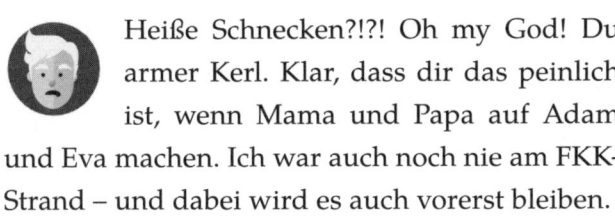 Heiße Schnecken?!?! Oh my God! Du armer Kerl. Klar, dass dir das peinlich ist, wenn Mama und Papa auf Adam und Eva machen. Ich war auch noch nie am FKK-Strand – und dabei wird es auch vorerst bleiben.

8

JONAS & FRIENDS

~~||||~~ ~~||||~~ ~~||||~~ ~~||||~~

~~||||~~ ~~||||~~ ~~||||~~ ~~||||~~

~~||||~~ ~~||||~~ ~~||||~~ ~~||||~~

~~||||~~ ~~||||~~ |||

DER GESANGSWETTBEWERB SAICO (SAICO FRIER)

Als ich in der sechsten Klasse und somit elf Jahre alt war, fand bei uns an der Schule ein Gesangswettbewerb statt. Jeder, der mitmachte, durfte den Song seiner Wahl auf der Schulbühne covern. Natürlich wurde jeder angenommen, der sich beworben hatte, egal, wie schlecht er war, also auch ich. Mütter, Väter, Freunde und andere Bekannte der Teilnehmer saßen im Publikum. In der Aula war so gut wie kein Platz mehr frei. Für mich war es trotz aller Vorbereitung ein enormer Nervenkitzel, dort auf der Bühne zu stehen. Ich hatte den Song „Haus am See" von Peter Fox eingeübt. Nachdem die anderen und ich ihr Lied geträllert hatten, gab es eine Pause von ungefähr 45 Minuten. Erst dann sollten die Gewinner bekanntgegeben werden. Ich habe mich in dieser längeren Unterbrechung mit einem meiner Lehrer unterhalten, der sich ebenfalls den gesamten Gesangswettbewerb anhörte. Ich fragte ihn, wie gut ich war, woraufhin er mir sagte, dass ich wohl der Gewinner sei. Dass er das nur gesagt hat, um freundlich zu sein, weil er nämlich gar nichts mit dem Entscheidungskomitee zu tun hatte, wusste ich nicht. Ich dachte ehrlich, dass ich gewonnen habe, bevor es offiziell bekanntgegeben wurde. Sofort bin ich losgelaufen und habe das allen erzählt. Ich habe mich sogar ein wenig über die anderen, die nicht gewonnen hatten, lustig gemacht. Als dann die Entscheidung verkündet wurde, war ich natürlich nicht auf dem ersten Platz. Ich war nicht einmal in den Top Ten, und das, obwohl nur vierzehn Leute teilgenommen haben. Das war mir dann schon hardcore peinlich!

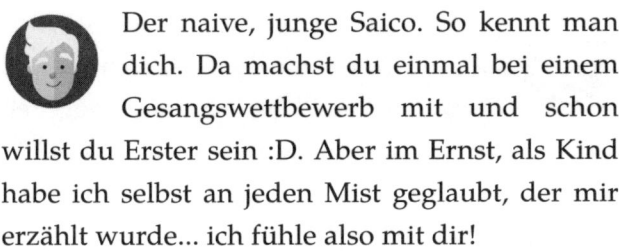 Der naive, junge Saico. So kennt man dich. Da machst du einmal bei einem Gesangswettbewerb mit und schon willst du Erster sein :D. Aber im Ernst, als Kind habe ich selbst an jeden Mist geglaubt, der mir erzählt wurde... ich fühle also mit dir!

DER VIDEODREH FITTI (FITTIHOLLYWOOD)

Bei meiner peinlichen Geschichte warst du, Jonas, sogar dabei. Du erinnerst dich vielleicht: Vor etwa einem halben Jahr haben wir ein Video für meinen YouTube-Kanal in Köln am Rhein gedreht. In einer Szene sollte ich so tun, als wäre gerade ein echt hübsches Mädchen an uns vorbeigelaufen. Also drehte ich mich zu Jonas um und sagte: „Ey Digga, siehst du die da vorne, die sieht ja mal megagut aus und ihr Körper erst...MEGA!" In diesem Moment lief allerdings gerade eine ältere Dame an uns vorbei, die sich richtig angesprochen gefühlt hat. Vor allem, weil ich auch noch mit dem Finger in ihre Richtung gezeigt habe. Ich hätte vor Scham im Boden versinken können.

Natürlich erinnere ich mich noch. Ich bin froh, dass die alte Frau nicht zu uns kam und uns ihre Nummer gegeben hat. Andererseits... ihr Mann war dabei. Wir sollten also eher froh sein, dass wir lebend aus der Situation herausgekommen sind! Aber ja, du hast Recht! Es war unfassbar peinlich – und davon gibt es sogar einen Videobeweis! :D

DAS DIXI-KLO AARON (HEYAARON)

Das erste Date mit einem Mädel ist echt zum Desaster geworden. Wir trafen uns bei ihr. Sie wohnte in einer kleinen Ein-Raum-Wohnung, wo Wohnzimmer und Schlafzimmer ein und das gleiche waren, und das Badezimmer nur durch eine Tür abgetrennt war, durch die man jedes Geräusch hörte. Es war ein Tag, an dem ich häufiger auf Toilette musste und es auch laut wurde. Wir schauten zusammen „Schlag den Raab", und unterhielten uns dabei. Das war, glaube ich, die längste „Schlag den Raab"-Sendung aller Zeiten, von 20.15 Uhr bis nach 1 Uhr. Und Jonas, ich sag dir, ich hatte solche Bauchkrämpfe, denn ich hatte mich die ganze Zeit über einfach nicht getraut, bei ihr aufs Klo zu gehen. Als die Sendung dann zu Ende war, verabschiedete ich mich sofort und bin abgehauen. Ich wohne nur gut fünf Minuten zu Fuß von ihr entfernt. Auf der Hälfte konnte ich nicht mehr einhalten. Zum Glück stand da eine Baustellentoilette, so ein Dixi-Klo. Problem war nur, die hatte keine Tür. Ich bin trotzdem draufgegangen. Ich habe noch schnell mit Taschentüchern die Klobrille, die auch echt ekelig war, sauber gemacht, und schließlich das Feuerwerk rausgelassen. Und ich sag's dir: Es war sooo laut. Aber es war ja nachts, und ich dachte, es käme keiner vorbei. Doch es kam jemand vorbei, und zwar mein Date. Sie ist mir hinterhergerannt, weil ich meinen Schlüssel bei ihr vergessen hatte. Nicht nur, dass sie mich gehört hat – sie hat mich wahrscheinlich sogar auf dem Pott gesehen. Das ist die peinlichste Geschichte meines Lebens.

 Na, Aaron, da hast du ordentlich verkackt bei der jungen Dame. Oder verschissen. Ich meine: Es war wohl ein ganz schöner Griff ins Klo, was? Okay, ich denke du hast es begriffen! :D #WortspieleSindSchonHammer

DER METALLDETEKTOR MORITZ (MORITZGARTHTV)

Meine peinlichste Geschichte ereignete sich am Düsseldorfer Flughafen, als ich zehn Jahre alt war. Der Familienurlaub stand an. Yeah! Wir freuten uns schon alle sehr auf die bevorstehenden Tage. Ich muss dazu sagen: Wir mögen uns sehr. So sehr, dass ich damals sogar die Hosen meines älteren Cousins getragen habe, sobald er aus der Größe herausgewachsen war. Allerdings war diese mir ein gutes Stück zu groß, und ich musste einen Gürtel dazu anziehen. Als wir nun zur Sicherheitskontrolle kamen und ich meinen Gürtel vor dem Metalldetektor ausziehen musste, passierte es: Ich ging durch die Kontrolle hindurch, auf direktem Weg zum Ende des Bandes, auf das ich mein Handgepäck gelegt hatte. Es piepte nicht. Ich will also gerade meinen Gürtel wieder anziehen, vergesse ich doch glatt, meine Hose weiterhin festzuhalten. Mit einem Ruck rutschte sie mir hinunter. Alle Menschen schauten mir nun auf meine bedruckte Snoopy-Unterhose. Unendlich peinlich war mir das.

Alter, Falter! Snoopy? Das kommt mir irgendwie bekannt vor. Was hatte ich damals für Unterwäsche? Die Simpsons, Star Wars, Spongebob und natürlich den guten alten Bugs Bunny! Bin ich froh, dass mir sowas nicht passiert ist! Wobei die peinliche Nummer mit der Unterhose, die die Welt erblickt, ein richtiges YouTuber-Ding zu sein scheint. Meinem Kumpel Dennis von SceneTakeTV ist mal beim Völkerball die Hose gerissen. Und so schnell wie er sich geschämt hat, kam er nicht bis zur Umkleidekabine. :D

DER STREICH Lukas (LukiTime)

Ich war damals in der fünften Klasse meiner jetzigen Schule. Ich war in einer Art Theatergruppe, vor allem deswegen, weil meine meisten Freunde dort mitmachten. Am Ende des Schuljahres hatten wir dann unseren großen Auftritt. Und genau dort ereignete sich meine peinliche Geschichte: Die Vorführung lief an sich ganz gut (vielleicht, weil ich nicht gerade die größte Rolle gespielt habe). Am Ende sollten wir, um uns gebührend vom Publikum feiern zu lassen und unseren Applaus abzuholen, alle noch einmal auf die Bühne kommen. Ich stellte mich also nach ganz vorne, weil ich einer der kleinsten der Theatergruppe war. Das Publikum applaudierte nun, ich winkte meinen Eltern zu, und dann zieht mir jemand von hinten die Hose herunter! Ich weiß bis heute nicht, wer das gewesen ist. Fakt ist aber: Es war ungemein peinlich! Ich zog mir schnell die Hose wieder hoch, aber das Publikum schüttelte sich bereits vor Lachen. Mit rotem Gesicht verzog ich mich von der Bühne.

 Das ist ja unterste Schublade. Wo ist der Mobbingbeauftragte, wenn man ihn mal braucht? Aber Hosenherunterziehen ist wie Mord: Das verjährt nie. Zeugenhinweise sendet ihr deshalb bitte an mich oder an die zuständige Kriminalpolizei, die den Hinweisen natürlich nicht nachgeht. Armer Luki!

BEIM LÄSTERN ERWISCHT Julian (Jarow)

Die Geschichte hat sich während meiner Schulzeit ereignet. Es war die letzte Woche vor den Ferien. Ich kam verschlafen zur Schule und ging auf dem direkten Weg zum Vertretungsplan. Was zum Teufel sah ich da: Die ersten zwei Stunden fielen aus. Ich wusste damals nie, ob ich mich in solchen Momenten freuen oder ärgern sollte: Ich hatte zwar zwei Stunden keinen Unterricht, aber hätte ich schon am Vortag nachgeschaut, hätte ich länger schlafen können. Nun gut. Ich ging also mit drei Mitschülern, die das auch verpeilt hatten, in die Bücherei unserer Schule. Unsere Bücherei war ein sehr großer Raum, in dessen Mitte ein Bücherregal stand, das den Raum optisch halbierte. Auf beiden Seiten gab es

Sitzgelegenheiten. Das Regal war so voll gestellt, dass man nicht sehen konnte, ob auf der anderen Seite noch jemand saß.

Wir chillten uns also auf die Stühle und lasen Goethe und Kafka, ne, Spaß beiseite, wir lästerten natürlich über unsere Lehrer. Über eine Lehrerin ganz besonders. Die haben wir alle total gehasst, weil sie unseren Kurs extrem runtergezogen hat. Ich bin auch etwas lauter geworden und habe gesagt: „Wo hat die denn Lehramt studiert? Wo wird man so penibel und streng?" Die letzte Stunde vor den Ferien hatten wir dann bei dieser Lehrerin, und anstatt einen Film zu gucken, hat sie (natürlich) normalen Unterricht gemacht. Am Ende der Stunde rief sie mich noch zu ihr und sagte, sie wolle noch meine Frage beantworten. Ich dachte, hää, ich hab doch gar keine Frage gestellt, und in dem Moment sagt sie zu mir: „In Baden-Württemberg!" Ich so: Was in Baden-Württemberg? „Na, da habe ich Lehramt studiert." Oh, Mann, die hat tatsächlich die ganze Zeit auf der anderen Seite des Regals gesessen und uns zugehört, wie wir gelästert haben. Ich bin so rot geworden.

 Wow, das ist megakrass. Mich würde ja interessieren, ob sich die Noten in dem Fach dadurch verschlechtert haben... Aber wie auch immer. Wenn sie so streng ist, dann ist sie es im Endeffekt auch selber schuld! :D

DIE GERUCHSBLAMAGE VON MIR (18)

Meine erste peinliche Geschichte ereignete sich vor nicht allzu langer Zeit. An jenem Tag hatte ich etwas früher Schulschluss und bin, mit dem Gedanken ich wäre allein, durch unseren Garten hintenherum ins Haus gegangen. Als ich durch die Küche kam, konnte ich, jedenfalls war ich mir damals eigentlich ziemlich sicher, den Geruch des Parfüms meiner Mutter wahrnehmen. Eigentlich war sie an diesem Tag arbeiten, aber, so dachte ich mir, vielleicht hatte sie, wie es sonst zwischendurch auch schon vorkam, etwas früher freibekommen. Ganz clever wollte ich meine Chance nutzen und meine Mutter überraschen, und rief in voller Lautstärke quer durchs Haus: „Ich rieche dich!". Ich erhielt keine direkte Antwort, sondern hörte nur, wie jemand im Flur die Treppe herunterkam. Erneut rief ich angeberisch: „Ich weiß, dass du da bist, man kann dich riechen!" Stolz auf mich selbst (ich hätte mir am liebsten selbst auf die Schulter geklopft) ging ich in den Flur, um triumphierend meiner Mutter entgegenzutreten, gespannt auf ihren Gesichtsausdruck. Doch der einzige Gesichtsausdruck, der sich im darauf folgenden Moment veränderte war mein eigener, denn nicht meine Mutter kam da gerade die Treppe hinunter, sondern unsere Putzkraft Anita, die jeden Mittwoch zu uns kam, um das Haus von Staub zu befreien. Sie starrte mich mehr oder weniger entsetzt an, andererseits – wer würde das nicht, wenn einem gerade an den Kopf geworfen wurde, der eigene Geruch würde die Anwesenheit verraten. Ich ging jedenfalls mit hochrotem Kopf beschämt die Treppe herunter und brachte gerade noch eine Entschuldigung über meine Lippen... Hochpeinliche Situation!

DAS VERFLUCHTE BUSTICKET

Meine zweite Geschichte ist mir erst vor ein paar Wochen widerfahren. Eine eher alltägliche Situation, die aber wegen ihrer Rahmenbedingungen zu einer sehr peinlichen wurde. Ich bin ganz lässig in den Bus gegangen, kaufte mir ein Busticket, grüßte total gechillt ein paar Mitschüler, die ich im hinteren Teil des Busses erblickt hatte. Ich wollte das Ticket cool abstempeln und dabei am besten noch eine entspannte Haltung an den Tag legen, und da passierte es: Das Gerät stempelte mein Ticket nicht ab. Ich schob es rein und wieder raus, rein, raus, rein, raus, rein, raus (ja, ich meine das Ticket). Und es passiert: nichts.

An dieser Haltestelle wollten mehrere Menschen einsteigen, die auch alle ein Ticket benötigten. Jetzt warteten sie hinter mir, die Schlange ging bis auf den Bürgersteig. Hinten im Bus grölten mir schon die Mitschüler zu, andere Fahrgäste meckerten laut und fragten, wann es endlich weiterginge. Der Busfahrer drehte sich zu mir um und erklärte mir dann, dass ich mein Ticket an dem Gerät einen Meter weiter im Bus abstempeln solle, weil ich gerade die ganze Zeit versuchen würde, das Ticket in den Ticketautomaten zu stecken, wo die Tickets rauskommen, nachdem sie gedruckt wurden! Total beschämt entschuldigte ich mich und stempelte mein Ticket ordnungsgemäß ab...

Das Schlafwandel-Desaster

Meine dritte, letzte und wirklich peinlichste Story ereignete sich irgendwann im Sommer vor ein paar Jahren, als ich gerade in die vierte Klasse ging. Meine Familie und ich machten einen Kurzurlaub in Berlin. Der erste Tag verlief soweit ereignislos, Denkmäler, Gebäude, historisch bedeutsame Plätze... das ganze Programm eben, an dem ein Kind mehr oder weniger (die Betonung hier aber definitiv auf weniger) viel Spaß hat. In der nachfolgenden Nacht wurde es jedoch skurril. Ich muss jedoch vorweg anmerken, dass ich schon früher Probleme damit hatte, in fremden Umgebungen zu schlafen. Sei es drum: Kommen wir zu meinem Missgeschick. Erwähnt sei an dieser Stelle, dass die folgenden Erzählungen ausschließlich aus den Berichten meiner Mutter hervorgehen – ich habe von dem Ganzen so gut wie gar nichts mitbekommen.

Meine Mutter jedenfalls wurde mitten in der Nacht von einem lauten Plätschern direkt neben ihrem Bett geweckt. Verwundert machte sie die Augen auf, erkennen konnte sie jedoch nichts. Es hörte sich so an, als hätte jemand einen Wasserhahn direkt neben ihrem Bett aufgestellt.

Verschiedene Gedanken schossen ihr durch den Kopf – schüttete etwa jemand eine Flasche Wasser auf ihren Nachttisch? Vorsichtig, konzentriert darauf achtend, dass sie nicht von der Flüssigkeit getroffen wurde, tastete sie die Wand nach dem Lichtschalter ab und wurde fündig. „KLICK". Der Raum wurde erhellt. Und dann sah sie es, genauer gesagt: mich. Denn niemand anderes als ein kleiner, verschlafener und vor allem traumwandelnder Jonas stand neben ihrem Bett und hob gerade sein Beinchen, die Tatsache vollkommen ignorierend, dass er gerade nicht vor einer geöffneten Toilette, sondern vor dem Nachttisch seiner Mutter stand, den Strahl präzise auf den frisch aus der Bücherei ausgeliehenen Roman ausgerichtet (der Roman wurde im Übrigen ersetzt, keine Panik bitte :D).

Da stand ich also nun, eins mit der Welt in tiefsten Träumen (wahrscheinlich hatte ich gerade von fließenden Bächen und tropfenden Wasserhähnen geträumt, wer weiß das schon...), während meine Mutter nicht wusste, wie ihr geschah. Nach einem kurzen Moment des Schocks fasste sie sich schließlich und trug mich zur Toilette, wo ich mein Geschäft ein für alle Mal beendete.

Alles Weitere ist eigentlich nebensächlich: Ich habe wohl in gleicher Nacht noch ein paar Mal versucht, aus meinem Zimmer abzuhauen, um in die Berliner Innenstadt zu verschwinden. Wer weiß, wohin mich mein Unterbewusstsein entführen wollte. Am nächsten Morgen wachte ich jedenfalls nichtsahnend auf und bekam eine wirklich klasse Geschichte zu hören! Glücklicherweise, das sei an dieser Stelle erwähnt, überwog die Komik dieser Situation letztendlich der Scham, die ich dann doch ein bisschen empfand, deutlich! Was für ein verrücktes Erlebnis!

DANKE

Am Ende eines Buches steht meistens eine Danksagung. Ich will an dieser Stelle meiner Community danken, vor allem euch da draußen, die mir in den vergangenen zwei Jahren fleißig peinliche Geschichten geschickt haben. Und ganz besonders auch ein paar Zuschauern, die vorab dieses Buch gekauft haben:

#Sasoria, Adrian Heidtbrock, alea, Alexandra, Alexandra Hermann, Alina K., Alina M., Alina S., Aneria, Angelika Teska, Anna D.-M., Anna M., Annika Steffl, Ann-Kathrin Harders, Ann-Sophie Evers, Ariane Chantal, Bobby, Caca, canel, Carina, Carmen, Carmen, Caro Meier, Caro2509, Cc, Celina, Celina de Aguiar, Celine Antonia Koop, Chantal, Cindy Beckel, Dalia, Dana, Daniel Kreuzer, Daniel Malinowski, Daniel Richter, Danielle, darkviktory, David renggli, Dennis Schümann, Die Julia's :D, Elena B., Elena H., Eli, Elisa B., Emilia Sottor, Emily Steinert, Emmi<3, ERDEM OEZEL, Fabien Hauser, FangirlAzizeLovesJonasAsMuchAsNutella,

Fen Tree, Finja, Finn Casalter, Franziska König, Freshcookie, Friedrich, Giampiero, Gina, Giulia, Greta Sophie, gustav, Hannah, Hannah-Sophie, Hännisch, Heidi Köll, Helena, Huss Liz, Jan Fischer, JaneRo, Janine :D, Janine Klockhaus, Jannick Ziwes, Jasmin, Jasmin Steffen, JeRa, Jessy, Jessy-Lee, Jette Grotelüschen, Jim Nikodem, Joan Sander, Joanna N.Y.C., Johanna, Joline, Jonas Wegner, Julia H., Julia L., Justin, Justine Effenberger, Kai Unger, Kamijan, Katharina Eichel, Kati Frenken, KeKe, Kerstin, Kevin, Kigi, Kochii, Lala, Lan Anh, Lara, Lara R, Larissa, Larissa Bichler, Laura B., Laura G., Laura N., Laura<3, Lauralee, Lea K., Lea T., leo frank, Leo Nie, Leonie, Leonie „Meldis" Range, Leonie Hermeler, Leonie Immig, Linus Scoz, Lisa, Lotte, louis, Louis :), LOVE kleleo, Luis Großecker, Lukas Teuber TeubyDE, Madeleine Röhr, maggie, Manu1988, Marcel, Marco, Marie, Marie Clausen, Marie Kewitz, Marie M. E. L., Marie Sophie, Marleni Cedeno, Marvin Kempa, Maxi Aldinger (MCCI), Melina, Meret, Michelle Fischer, Michelle R., Michelle S., Michiiix3, Midyr & Zachi, Miiia G., Mike Ebeling, Mischi :), Mona Marie Wölfinger, Moni, Moritz S., Moritz W., Myrna, Nadine, Natalie Lutz, Natascha, Nele-Sophie, Nico

Kauper, Nico Schötz, Nicole Krajewski, Nicole Grendelmeier^^, ninchen, Noah, NochyYt, Noémi Kanyo, NurjaBdR, Orti, Pamela, Patricia Klaffl, Paul Koller, Philip Cserveny, Power-Paul, Rabia Dirim, Ramones, Robert Gruber, Robert Klyk, Sam Albers, Sarah Jankowski, Sarah K., Sarah Klaffl, Sarah Langhammer, Sarah Schachinger, Sarah Z.-S., Sascha Seidel, Saskia, SceneTakeDan, Schirm, Sebastian Plag, Sel, Selina, SexxiBatman aka BabaDasToastbrot aka Kikki, Silas Bug, Silvia, Sina, Soli, Sophie, Stefan, Steffi-W, Susi, Tanja Windhager, TeeGee, Thorsten Bruderek, Tim Winkler, Timo Jeske, Timo Matarese, Tina, T-Mation, Tom Vogel, Tomy, Toni G., Toni S., Vanessa E., Vanessa J., Vanessa P., Vera, Vivian<3, Winstonsilber, World of Laura, Yara Wagner, Yasmin F., Ylva.

plötz & betzholz

Wir sind dein Verlag.

Ich bin ich -
und wir sind viele

Wie Benjamin Fokken
Mobbing besiegte

ISBN: 978-3000490781

Benjamin war ein Mobbingopfer, eines von
Hunderttausenden in deutschen Schulen. Er
wurde beleidigt, erniedrigt und bedroht. Er fühlte
sich allein und wertlos. Jahre später veröffentlichte
er im Internet ein Video, das Millionen Menschen
berührte. Jetzt will er Kindern wie Erwachsenen
mit seiner eigenen Geschichte Mut machen.
Noch nie sprach jemand so offen über Mobbing.
Noch nie klangen Tipps so authentisch. Eine
Pflichtlektüre für Eltern, Lehrer und Mitschüler,
eben für alle, denen Mobbing begegnet.

plötz & betzholz

Wir sind dein Verlag.

Palmen in Castrop-Rauxel

Mach dein Leben außergewöhnlich!

ISBN: 978-3000457432

Dein Leben könnte aufregender sein? Du träumst davon, endlich dein eigenes Ding zu machen? Wer die ausgetretenen Pfade verlässt, erlebt Zweifel, Hürden und Rückschläge. Zwölf reale Geschichten zeigen dir, wie du deinen Traum real machst. Ob als YouTuber wie Freshtorge oder als Start-up, ob Weltreise oder Musikkarriere: Dieses Buch ist der erste Schritt, um endlich anzufangen.

„Das Mutmachbuch des Jahres" – Bild
„12 Menschen, 12 Erzählungen, 12 Erfolgsgeschichten"
– Welt am Sonntag